nce

Centre for Modern
Languages
Plymouth Campus

The Oxford French dictionary range also includes the following:

The Oxford–Hachette French Dictionary
The Concise Oxford–Hachette French Dictionary
The Compact Oxford–Hachette French Dictionary
The Pocket Oxford–Hachette French Dictionary
The Oxford Paperback French Dictionary
The Oxford Paperback French Dictionary and Grammar
The Oxford French Minidictionary
French Usage
French Grammar
10,000 French Words
French Verbs
The Oxford–Duden Pictorial French Dictionary, Second Edition

French Correspondence

Edited by

Natalie Pomier

Oxford   New York

OXFORD UNIVERSITY PRESS

1997

Oxford University Press, Great Clarendon Street, Oxford OX2 6DP

Oxford New York

Athens Auckland Bangkok Bogota Bombay
Buenos Aires Calcutta Cape Town Dar es Salaam
Delhi Florence Hong Kong Istanbul Karachi
Kuala Lumpur Madras Madrid Melbourne
Mexico City Nairobi Paris Singapore
Taipei Tokyo Toronto

and associated companies in
Berlin Ibadan

Oxford is a trade mark of Oxford University Press

British Library Cataloguing in Publication Data
Data available

Library of Congress Cataloging in Publication Data
French correspondence/edited by Natalie Pomier.
p.   cm.
1. Letter writing, French. 2. French language—Textbooks for
foreign speakers—English. I. Pomier, Natalie.
448. 2'421—dc20   PC2483.F74 1997 96–21681
ISBN 0-19-860010-0

10 9 8 7 6 5 4 3 2 1

Typeset by Oxuniprint
Printed in Great Britain by
Mackays plc
Chatham, Kent

Acknowledgements

The editor wishes to thank Simon Gillon and Mary O'Neill for their translation work. The editor also wishes to thank Henri Béjoint for his contribution to the correspondence section.

Contents

Introduction

Learning a foreign language is not purely academic. It is, most of all, about wanting to be able to communicate with the people who speak that language and wanting to find out about their culture. All the same, it can sometimes be difficult to make the step from the theory of a lesson to the practical demands of daily life. This guide is designed to help you do just that.

It deals with the different aspects of communication which often cause problems for people who are learning a foreign language, whatever their level. It is divided into four parts: one on writing in French, one on the telephone, the Minitel, and E-mail, one on written correspondence, and one on French advertisements.

The first part sets out a number of useful pieces of general advice on how to write in French: a reminder about punctuation, guidance on the style and structure of a text, in short, information which it is always helpful to bear in mind before starting to write an essay, a report of a meeting, a circular or any other kind of text.

Making a phone call in another language is always intimidating. So in the second part you will find some general advice, a thematically arranged vocabulary of words about the phone, and several standard types of conversation. There is also some useful information on the Minitel and E-mail.

In the third part, you will find over a hundred examples of letters, both personal and professional, to help you write your own letters in whatever the circumstances may be: whether you are making a complaint, inviting friends round for dinner, making a reservation for a holiday *gîte*, replying to a job advertisement, or even asking for a business quote or sending a bill, this guide will show you, in context, the language to use for writing letters in French.

Finally, the fourth part deals with French advertisements giving authentic examples and a key to the most common abbreviations. Whether you use it as a means of learning in a

lesson or as a reference book for day-to-day queries, this guide
is designed for everyone: schoolchildren, students, profes-
sionals, in fact anyone who wishes to communicate in French,
whether in writing or on the phone. We are confident that its
scope will enable it to meet all your needs.

1 *General advice on writing in French*

Having good ideas isn't enough: you have to know how to get them across. Writing in a foreign language, French in this case, makes things even more complicated. A text should be clear and enjoyable to read. So here is some general advice.

Presentation

The presentation of French is very similar to that of English. Just bear in mind that the paragraphs should stand out well on the page. In the case of an essay, they should all be about the same length (except for the introduction and the conclusion). Starting a new paragraph is not done in an arbitrary way, but only when moving on to a new idea. It is often advised to develop only one idea per paragraph.

Spelling

If the reader comes across too many spelling mistakes, s/he will loose the thread of the text and will have difficulty in following your argument. So take care over your spelling and reread the text several times. Check systematically to see that you have not made the most common mistakes (agreement of adjectives and past participles, gender of nouns, accents, verb endings …).

Punctuation

Another very important aspect of French writing is punctuation. This makes a text easier to read and can sometimes change the meaning of a sentence completely, as we shall see later. The rules of punctuation are stricter in French than they are in English. The most straightforward punctuation marks, such as the exclamation mark and the interrogation mark, are used as in English. For the others, which are more complex and are sometimes used differently in French and in English, we give a list of the basic rules.

The stop

The stop is used:

- to indicate the end of a sentence (when it is called a full stop);
- after some abbreviations (for example, *c.v.* for *curriculum vitae*, *etc.* for *et cetera*, *p.j.* for *pièce jointe*).

It should be noted that if an abbreviation comes at the end of a sentence, the abbreviation stop is merged with the full stop:

> *Veuillez joindre un c.v. à votre lettre.*
> *Veuillez joindre un c.v.*

One common fault to be avoided: *etc.* is never followed by suspension points (…)!

> *Il y avait des chats, des chiens, des oiseaux, etc.*
> and not *Il y avait des chats, des chiens, des oiseaux, etc…*

Watch out! Abbreviations which end with the last letter of the full word are not followed by a stop, unless they come at the end of a sentence.

For example: *bd* for *boulevard*

Suspension points

Suspension points are mainly used:

- to leave a sentence, a paragraph, etc. in suspense, inviting the reader to dream or to reflect:
  Elle fixa l'horizon et se mit à rêver…

- to show that a list could be continued:
  Elle avait rangé dans son tiroir les crayons, les gommes, les stylos…

- to show thought, hesitation, emotion:
  Elle irait lui parler dès ce soir… ou peut-être attendrait-elle demain… non, il fallait qu'il sache tout de suite.

- to create the effect of anticipation in the reader:
  Il essaya de la rattraper… mais en vain.
  À suivre…

- to show that some words have been left out of a quotation.

Watch out! There are always three suspension points. They are merged with the full stop and the abbreviation stop. They can be used with other punctuation marks, such as the comma, the question mark, the exclamation mark or the semi-colon.

Suspension points are also used in the form…/…, in the bottom right-hand corner of a page to show that the text continues on the next page.

Suspension points are only followed by a capital if they come at the end of a sentence. One should write:

Il lui fallait des carottes, des tomates, des haricots… Il alla donc au marché.

but:

Il avait marché des kilomètres… pour rien.

The colon

The colon is used:

- to introduce a quotation, a proverb, or dialogue:
  Comme on dit souvent : tel père, tel fils.

  Elle a ajouté : «Ça m'est égal!»

- to introduce an explanation or a summary of what has just been said:
  Les arbres commençaient à roussir, les premières feuilles tombaient : l'automne était là.

- to introduce a list:
  Il vous faudra :
  – un cahier;
  – un classeur;
  – du papier à dessin.

or
  Elle avait choisi ce qu'elle porterait ce soir : une robe noire, une veste rouge et des escarpins noirs.

Note that in French there is a space both before and after the colon.

Watch out! After a colon and opening quotation marks, a capital letter is always used.

The semi-colon

The semi-colon is used to distinguish the subclauses in a complex sentence.

  Elle savait que seul le résultat comptait; qu'il faille faire des sacrifices lui importait peu.

It is also used between clauses of similar construction when some of them contain an ellipsis.

  Il était secrétaire; sa sœur, infirmière; et son jeune frère, instituteur.

The semi-colon is used to separate the different elements in a list:

  Il vous faudra :

> *– un cahier;*
> *– un classeur;*
> *– du papier à dessin.*

It should be noted that the different items do not require a capital letter.

The comma

The comma is used between independent clauses which have a certain continuity between them:

> *Il s'arrêta devant la boutique, il jeta un œil dans la vitrine, il entra.*

When the two clauses are joined by a co-ordinating conjunction (*et/ou*), the comma usually disappears:

> *Il traversa la rue et il entra dans la boutique.*

The comma is, however, used in front of *et/ou* if one of the two clauses already contains a conjunction:

> *La rue était sombre et silencieuse, et elle prit peur.*

With the conjunctions *mais, car, donc, or*, the comma is not obligatory.

Watch out when using the comma with the conjunction *ni*:

> *Il ne parle ni anglais ni espagnol.*

but

> *Il ne parle aucune langue étrangère, ni l'anglais, ni l'espagnol.*

and

> *Il ne parle ni l'anglais, ni l'espagnol, ni l'allemand.*

A comma is used:

- when part of a sentence is displaced:
  Je lui ai écrit hier but *Hier, je lui ai écrit.*

- when a comment clause is inserted or when calling out to someone:
  Les jeux vidéos font, paraît-il, beaucoup de tort à la lecture.
  Attends, Laurence!

- on either side of an apposition (an apposition adds details

but can be removed without the sentence becoming gram-
matically incorrect):

*Sa collègue, une petite brune aux yeux verts, entra dans le
bureau.*

Son père, lui, n'a jamais quitté le village.

When the apposition is a subordinate clause, the comma is also
used:

Qu'il veuille partir, je l'admets.

But watch out because if this clause is the subject then a comma
is not used:

Qu'il veuille partir est compréhensible.

Relative clauses are separated by a comma when the pronoun
(*qui/que*) is too far from the noun it relates to.

One should write:

La femme que j'ai rencontrée ce matin m'a parlé de toi.

but

J'aime beaucoup le chat de la voisine, qui a de grands yeux verts.

Without the comma, one would think that it is the neighbour
who has green eyes and not the cat.

In independent clauses, the comma separates items in lists.
There is no comma before *et*.

Il acheta des roses, des tulipes, des lys et des œillets.

*Elle m'a montré les cadeaux de son père, de sa mère, de son
frère et de sa sœur.*

*Les dictionnaires, les classeurs et les cahiers étaient rangés sur
les étagères.*

*Les dictionnaires, les classeurs, les cahiers, étaient rangés sur les
étagères.*

Watch out when writing sums in numbers, the comma is not
used in the same way in French as it is in English.

French	English	
1 000	1,000	one thousand
2,5	2.5	two point five

The dash

Dashes are used:

■ to introduce replies in a dialogue:
   «*Tu as vu ce film?*
   – Non, jamais.»

■ to distinguish between the elements of a list;

■ to isolate a comment clause, including one inside a parenthesis:

   Cette hypothèse — à laquelle je ne crois pas du tout — est l'œuvre d'un journaliste.

   Le rapport donne les derniers chiffres du chômage (chômage qui sévit à travers l'Europe — même dans les pays les plus riches — et qui ne semble pas près de régresser).

Quotation marks and the presentation of dialogue

French quotation marks (« ») are used in preference to English ones (" ").

Quotation marks are used:

■ to emphasize a word which is going to be explained or which is being used in an improper, humorous or ironic way;

■ to show the beginning and the end of a quotation;

■ for the titles of poems;

■ to show the beginning and the end of a dialogue or to introduce direct speech.

   Il l'interrogea :
   «*Vous êtes arrivé quand?*
   – Pourquoi cette question? Je n'ai rien fait de mal!
   – C'est ce que nous allons voir!»

Here, the use of the quotation marks is not obligatory. They could have been left out. In such a case a dash would have been used in front of the first question.

   Il l'interrogea :

    – Vous êtes arrivé quand?
    – Pourquoi cette question? Je n'ai rien fait de mal!
    – C'est ce que nous allons voir!

Inverted commas are not used on either side of a break in direct speech.

    «Tiens, dit-elle en ouvrant les rideaux, les voilà!»

Capitals

The rules for the use of capitals are very complex and change-able. Here are a few leads to help you. It should be noted that the use of capitals is slightly different in French and in English.

The following require a capital letter:

- the first word of a sentence;
- the first word of a quotation, however short it may be:
  Il cria : «Non.»
- the beginning of each line of verse in a poem;
- proper names of people;
- the names of towns, countries, rivers, nationalities and races:
  … à Paris… le Sénégal… la Tamise… les Français… les Blancs… la République d'Irlande
- titles and occupations which replace a person's name:
  … le Président… Madame la Directrice…
- the different forms of address in a letter:
  Cher Monsieur, …
  Veuillez agréer, Madame, mes salutations distinguées.
- the names of associations, organizations, etc.:
  l'Alliance française… la Compagnie générale des Eaux…
- the names of great historical periods or events:
  … la Révolution française… la guerre de Cent Ans…

The following do not require capital letters:

- the names of days of the week and months of the year:
  C'était le début du mois de novembre. C'est vendredi.
- adjectives which denote nationality or region:

... un citoyen suédois... une femme africaine... une spécialité alsacienne... la République italienne.

■ nouns and adjectives which describe a language:
... la grammaire française... Il parle anglais. L'italien est une langue latine.

■ titles or qualities which precede a proper noun:
... le président Chirac...

Capital letters in the names of artistic works

As a general rule:

■ capitalize the initial letter of the first word only, provided it is not a definite article:

À la recherche du temps perdu.

Une vie.

■ capitalize the initial letters of the first two words if they are a definite article followed by a noun:

Le Journal d'une femme de chambre.

■ capitalize the initial letters of the first three words if they are a definite article followed by an adjective followed by a noun:

La Double Inconstance.

Of course, if the title includes a proper name, a capital is required for the proper name as well:

L'Enfance de Bacchus.

The titles of books and works of art must always be underlined or written in italics.

Style

Of course, everyone has his or her own style and there is no magic formula. One piece of advice, however: avoid sentence structures which are too complex. If you give too much information in the same sentence, you risk confusing the reader and increasing the number of mistakes in your French. The clearer the style, the easier the text is to read.

Thus, rather than:

Dans ce film, <u>Do the right thing</u>, qui a été tourné en 1989 et qui est son premier film, Spike Lee décrit les rivalités qui opposaient les noirs américains et les italo-américains à New York, dans les années 50.

it would be better to write:

<u>Do the right thing</u>, tourné en 1989, est le premier film de Spike Lee. Il y décrit les rivalités qui opposaient les noirs américains et les italo-américains dans le New York des années 50.

You should also consider using rhetorical questions (that is to say questions which do not anticipate a reply and whose purpose is solely to introduce what comes next). This will make your text more lively and the style will be lighter.

For instance, instead of beginning a paragraph with the following phrase:

On peut se demander quelles sont les motivations du personnage principal.

One could write:

Quelles sont donc les motivations du personnage principal?

Once again for reasons of clarity, **repetition** should be avoided as far as it is possible. It is much better to use **synonyms**. A thesaurus is a very useful worktool. What's more, looking for synonyms is an excellent way of increasing your vocabulary!

So if you are writing an article about *la télévision*, you should think of using words like *télé*, *petit écran*, *poste*, etc.

Reading French texts which deal with the same subject as your essay is also a good way of finding synonyms. You will find the vocabulary in context, and the nuances of meaning between different words will be more obvious. You will also notice that the more you read in French, the easier it becomes to write it. French constructions will seem more natural and you will be less prone to translate English structures word for word.

Writing a text is not simply a question of putting sentences together. Your text has to come across as a coherent whole. When you are reading, you will undoubtedly notice that **link words** are used more often in French than they are in English. These allow you to emphasize the logical connections which exist in your text. The following list gives link words and phrases which you may find useful.

Link words

à l'inverse	*À l'inverse, on peut se demander si ce n'est pas un choix délibéré de l'auteur.*	**On the other hand**, one may wonder if it is not a deliberate choice on the author's part.
à savoir	*Pendant la période d'incubation, **à savoir** deux semaines avant que la maladie ne se déclare, le sujet est très contagieux.*	During the incubation period, **that is to say** for two weeks before the onset of symptoms, the subject is very contagious.
au contraire	*On découvre, **au contraire**, que le personnage est coupable du crime.*	**On the contrary**, we discover that the character is guilty of the crime.
aussi*	***Aussi** faut-il tenir compte des bouleversements sociaux qu'a connus le XIXe siècle.*	The social upheavals which took place during the nineteenth century must **also** be considered.
	***Aussi**, il est intéressant de constater à quel point l'auteur est influencé par son milieu social.*	It is **also** interesting to ask to what extent the author has been influenced by his social background.
autant dire que	***Autant dire qu**'il faut se méfier des jugements hâtifs.*	**In other words** we must be wary of hasty judgements.
autrement dit	*Nous sommes en 1919, **autrement dit** au lendemain de la première guerre mondiale.*	It is the year 1919, **in other words**, just after the end of the First World War.
avant tout / avant toute chose	***Avant toute chose**, il convient de rappeler les différentes étapes de l'évolution de l'enfant.*	**First**, we should recall the different stages of a child's development.
bien que	***Bien que** l'euthanasie ne soit pas légalisée, certains médecins la pratiquent à la demande des familles.*	**Although** euthanasia is not legal, some doctors do carry it out at the request of the family.

* Watch out: *aussi* requires the subject to be inverted when it is not followed by a comma.

c'est pourquoi	*C'est pourquoi il faut d'abord s'interroger sur les motivations du personnage.*	So first of all one must question the character's motives.
cela dit	*Ce n'est peut-être qu'une tendance passagère. **Cela dit**, on ne peut nier que le phénomène existe.*	It may be no more than a passing trend. **Having said that**, it cannot be denied that the phenomenon exists.
cependant	*Il n'est **cependant** pas considéré comme un auteur majeur.*	He is not, **however**, considered to be a major author.
certes	***Certes**, la vengeance n'est pas la seule motivation du héros.*	**Admittedly**, revenge is not the character's only motive.
d'abord	*Nous verrons, **d'abord**, comment l'auteur décrit la tristesse du personnage.*	We shall see, **first of all**, how the author describes the unhappiness of the character.
d'où	***D'où** la nécessité pour l'enfant de s'identifier à des personnages imaginaires.*	**Hence** the necessity for the child to identify with imaginary characters.
donc	*Nous évoquerons **donc** les poètes contemporains de Verlaine.*	We will, **therefore**, consider the poets who were Verlaine's contemporaries.
du moins	*C'est **du moins** l'hypothèse la plus crédible.*	**At any rate** it is the most credible hypothesis.
en bref	***En bref**, il s'agit d'un constat d'échec.*	**In short**, it is an admission of failure.
en d'autres termes	*L'enfant accepte mal l'arrivée d'un nouveau-né. **En d'autres termes**, il est jaloux.*	The child has difficulty in accepting the new baby. **In other words**, he is jealous.

en effet	*L'auteur connaissait bien le milieu bancaire. Il avait, **en effet**, travaillé pour une grande banque parisienne pendant près de dix ans.*	The author was well acquainted with the world of banking. **Indeed**, he had worked for a large Parisian bank for almost ten years.
en fait	***En fait**, on ignore tout des liens qui les unissent.*	**In fact** we know nothing about the ties which bond them.
en outre	***En outre**, il faut préciser que Verdi était un fervent partisan de l'unité italienne.*	**Moreover**, it must be stated that Verdi was an ardent supporter of Italian unity.
en premier lieu	*Nous nous attacherons, **en premier lieu**, à rappeler la situation économique du pays avant la révolution.*	**In the first place**, we must consider the economic situation of the country before the revolution.
en résumé	***En résumé**, on peut dire que la télévision a volé une partie des spectateurs du cinéma.*	**To sum up**, one can say that television has taken part of the audience away from the cinema.
en revanche	***En revanche**, il est peu crédible que l'auteur ait ignoré l'œuvre de Baudelaire.*	**On the other hand**, it is implausible that the author was unaware of Baudelaire's work.
encore*	*Ces champignons ne sont, paraît-il, pas dangereux. **Encore** faut-il savoir les distinguer des autres.*	These mushrooms are said not to be dangerous, but you **still** need to know how to tell them apart from the others.
enfin	***Enfin**, nous essaierons de souligner les points communs des deux poètes.*	**Finally**, we will attempt to underline the points which the two poets have in common.
ensuite	*Nous parlerons **ensuite** des problèmes d'insertion des immigrés.*	We will **then** talk about the problems of integration faced by immigrants.

* Watch out: *encore*, used at the beginning of a sentence, requires an inversion of the subject.

mais	*Mais cela ne justifie pas le recours à la violence.*	**But** that does not justify resorting to violence.
malgré	*Malgré son immense succès, il est resté très simple.*	**Despite** his huge success, he has remained very unpretentious.
néanmoins	*Il faut néanmoins préciser qu'il a grandi au sein d'une famille très pratiquante.*	It must **nonetheless** be pointed out that he came from a very religious family.
or	*Or l'auteur est lui-même d'origine slave.*	**Now** the author is himself of Slav origin.
par ailleurs	*On sait, par ailleurs, que le chat tient une place importante dans l'Antiquité égyptienne.*	**In addition**, the cat is known to have held an important place in ancient Egypt.
par conséquent	*Il faut, par conséquent, tenir compte du contexte historique.*	We must, **therefore**, take the historical context into account.
pour finir	*Pour finir, nous nous interrogerons sur l'avenir du livre, dans un monde où le support informatique prend chaque jour plus d'importance.*	**Finally**, we will examine the future of the book in a world where the computer is becoming daily more important.
pourtant	*Le problème racial ne constitue pourtant pas la seule explication.*	The racial problem is not, **however**, the only explanation.
quoi qu'il en soit	*Quoi qu'il en soit, ces mesures mettront du temps à produire leur effet.*	**Be that as it may**, these measures will take time to have an effect.
seulement	*Seulement, le destin en a décidé autrement.*	**But** fate decided otherwise.
toutefois	*Le roman n'est toutefois pas entièrement auto-biographique.*	The novel is **nevertheless** not entirely autobiographical.

The structure of the text

Whatever type of text you are writing in French (an article, an essay, a review of a meeting, a report, etc.), you should always bear in mind that the structure is very important. Even if your ideas are excellent, a French reader will be distracted if your text doesn't follow a rigorous and logical plan.

Your text should, therefore, always have an introduction, a development (usually consisting of two or three large sections), and a conclusion.

The introduction

This consists of a general sentence which introduces and arranges the subject and presents the structure of the plan.

The development

In both English and French there are many different sorts of plan. One can proceed chronologically, listing a series of events; stating the facts, the causes, and the consequences so as to describe a phenomenon; etc. In French, however, the classic plan is known as 'thesis, antithesis, synthesis'. It consists of opposing two theses, or points of view. The first part presents the reasons for agreeing with the question asked in the title; the second, the reasons for disagreeing; finally, in the last part, the pros and cons are weighed up—so a synthesis of the various ideas is made before concluding.

The conclusion

This briefly recaps the main arguments presented in the development and answers the problems or questions raised in the introduction.

Here, to help you, is a model of an article. This will show you in context the various elements which we have been dealing with so far: structuring the text, link words, etc.

Pour ou contre la télévision?

*Depuis sa création, la télévision a connu une évolution phénoménale et a fait son entrée dans la plupart des foyers. Objet indispensable pour certains, elle n'est pour d'autres qu'une source d'abrutissement et de sous-culture. **Alors**, pour ou contre la télévision? Pour tenter de répondre à cette question, nous évoquerons **dans un premier temps** les effets négatifs de ce média. Nous nous attacherons **ensuite** à en décrire les aspects positifs.*

introduction

*Contrairement à bien d'autres activités, regarder la télévision est peu contraignant. Le téléspectateur n'a qu'à appuyer sur le bouton de mise en marche de son téléviseur et subir passivement les programmes qui lui sont proposés. **En bref**, il n'a aucun effort à faire. **Dans ces conditions**, il semble facile de se laisser aller à passer son temps libre à zapper du fond de son fauteuil. La télé est une présence dont on ne peut plus se passer et risque alors de devenir abrutissante.*

development part 1

remember to use synonyms

*On peut **aussi** reprocher à la télévision son manque d'originalité et son uniformité. La télévision est devenue un véritable enjeu commercial. La guerre des chaînes laisse **donc** peu de place à la créativité. Même le traitement de l'information se conforme aux objectifs commerciaux et perd de son objectivité. On a **ainsi** vu se développer, au cours des*

link words

années, *l'information-spectacle. Il faut tout montrer, avant les autres, au risque d'être impudique ou de banaliser la violence.*

*La violence est **d'ailleurs** un autre problème important à la télévision. Qu'il s'agisse d'information ou de fiction, il est parfois difficile de mesurer l'effet de certaines images sur l'esprit des enfants ou des adolescents et de leur en faire comprendre les implications. Si la violence est présentée comme un jeu dans un dessin animé, un enfant a-t-il assez de discernement pour juger de ce qui est acceptable ou non dans la vie de tous les jours?*

*On ne peut nier les excès qu'entraîne la télévision. Peut-on en conclure **pour autant** qu'elle n'apporte rien de positif? Ce serait oublier qu'elle a **avant tout** été conçue comme une source de divertissement, rôle qu'elle remplit parfaitement bien. Elle est, **en outre**, une compagnie non négligeable pour les personnes seules. Elle permet de se relaxer facilement et de partager ces moments de détente en famille. **Car** on peut être devant son téléviseur sans que la communication au sein du foyer n'en souffre. Regarder une émission à plusieurs peut créer une certaine connivence entre les personnes qui la regardent. Suivre les programmes préférés de ses enfants avec eux permet de partager leur imaginaire, de leur expliquer des passages qu'ils ne*

question used as a transition

development part 2

comprennent pas, de leur faire découvrir de nouveaux centres d'intérêt.

La télévision est un divertissement mais elle se révèle aussi informative et éducative. **En fait**, on peut considérer le petit écran comme une fenêtre sur le monde. De par la diversité de ses programmes, elle peut donner envie de lire, de voir un film, de découvrir un pays… Bien exploité, ce média est un outil d'apprentissage très efficace et permet aux enseignants de diversifier leurs méthodes d'enseignement et de rendre leurs cours plus vivants.

Le petit écran fait **par ailleurs** partie de l'identité culturelle d'un pays. Les personnes d'une même génération ont regardé les mêmes émissions pour enfants, connaissent les mêmes programmes, les mêmes personnalités du spectacle et de la politique. Il paraît **donc** difficile de connaître parfaitement la culture d'un pays sans prendre cet aspect en compte.

En conclusion, il semble impossible de condamner la télévision d'un bloc ou d'en faire un éloge sans réserve. Au cours des années, la télévision s'est **en effet** avérée un média à facettes multiples, pouvant offrir le meilleur comme le pire. Elle fait désormais indéniablement partie du quotidien de chacun. C'est **donc** au téléspectateur qu'appartient la responsabilité de choisir les programmes qu'il regarde et de décider de l'importance qu'il accorde à son téléviseur.

conclusion

Television: for or against?

**Model
French essay
translated**

Since its creation, television has enjoyed a phenomenal success and is now found in the majority of homes. An indispensable 'item' for some, others see it as a source of stupefaction and lowering of cultural standards. So, should we be for or against television? To try and answer this question, we shall first of all look at the negative effects of television, and we will then examine its positive aspects.

Watching television differs from many other activities in that it does not require you to do anything. All that is needed is to turn the television on and to absorb passively whatever programmes are being shown. In other words, no effort is required. In fact, it can be very easy to spend all one's free time switching channels from the comfort of the sofa. The television becomes a presence which one can no longer do without, and does, therefore, risk becoming stupefying.

It is also possible to criticize television for its lack of originality and its uniformity. Television has become a major commercial venture and the ratings war leaves little room for creativity. Even the way in which the news is treated is subject to commercial interests, and thus loses its objectivity. Because of this, the phenomenon of news events has developed over the years. Everything has to be shown before the other channels show it, even at the risk of being intrusive or of trivializing violence.

Violence is, in any case, another significant problem for television. Whether it is on the news or in a fictional story, it is sometimes difficult to assess the effect which certain images will have upon children or teenagers, or to get them to understand their implications. If violence is presented playfully in a cartoon, does a child have the ability to judge what is and what is not acceptable in everyday life?

The excesses of television cannot be denied. But, for all that, can we conclude that it has no positive aspects? It was, after all, created as a means of entertainment, it is a role which it fills perfectly well. What's more, it is a major source of company for people who live on their own. It helps you relax easily and it allows families to spend their leisure time together. For it is possible to watch television without conversation necessarily suffering. Watching a programme in a group can often create a sense of shared understanding among the viewers. Following one's children's favourite programmes allows one to share in the world of their imagination, to explain parts to them which they don't understand, and to help them discover new areas of interest.

Television is a form of entertainment but it can also be informative and educational. In fact, it is possible to see it as a window onto the world. The diversity of its programmes can make you want to read more about a subject, make you want to go and see a film or visit another country . . . If it is put to good use, the television is a very useful way of learning and it gives teachers more scope in their teaching methods, allowing them to make their classes much more stimulating.

What's more the small screen is a part of a country's cultural identity. People from the same generation all watched the same children's programmes, all know the same series, the same actors, and the same politicians. It is difficult, therefore, really to understand the culture of a country perfectly without taking this aspect into account.

To conclude then, it would appear to be impossible to condemn television totally or to praise it unreservedly. Over the years, television has certainly shown that it has many sides, able to offer both good and bad. It has undeniably become part of daily life for everyone. It is, therefore, the viewer's own responsibility to choose which programme he or she watches and to decide just how important television should be.

2 About the telephone, the Minitel, and E-mail

Practical information: how to phone

■ **Within metropolitan France:**

Metropolitan France is now divided into five telephone calling zones, and all French numbers consist of ten digits (instead of eight digits as until recently). The first two digits correspond to the various zones: 01 for Paris/Île-de-France; 02 for the North-West; 03 for the North-East; 04 for the South-East (including Corsica); and finally, 05 for the South-West.

Whether you want to make a call from one zone to another, or from one point to another within the same zone, you should wait for the dialling tone, then dial the 10-digit number.

Note however that, when making calls to metropolitan France from another country, you do not have to dial the 0 at the start of each prefix.

■ **To the overseas departments:**

Wait for the dialling tone, dial 0 + the area code + the number (6 digits).

■ **To the overseas territories and foreign countries:**

Wait for the dialling tone, dial 00. On hearing the new dialling tone, dial the area code (for overseas territories) or the country code + the number (including area code).

Prefixes for new 10-digit numbers

Paris/Île-de-France

New prefix to add	In front of number starting with	New prefix to add	In front of number starting with	New prefix to add	In front of number starting with
01	30	01	43	01	49
01	34	01	44	01	53
01	39	01	45	01	55
01	40	01	46	01	60
01	41	01	47	01	64
01	42	01	48	01	69

Provinces

New prefix to add	In front of number starting with	New prefix to add	In front of number starting with	New prefix to add	In front of number starting with
03	20	02	48	04	76
03	21	05	49	04	77
03	22	04	50	04	78
03	23	02	51	04	79
03	24	05	53	03	80
03	25	02	54	03	81
03	26	05	55	03	82
03	27	05	56	03	83
03	28	05	57	03	84
03	29	05	58	03	85
02	31	05	59	03	86
02	32	03	60	03	87
02	33	05	61	03	88
05	34	05	62	03	89
02	35	05	63	04	90
02	37	05	65	04	91
02	38	04	66	04	92
02	39	04	67	04	93
02	40	04	68	04	94
02	41	04	69	04	95
04	42	04	70	02	96
02	43	04	71	02	97
03	44	04	72	02	98
05	45	04	73	02	99
05	46	04	74		
02	47	04	75		

Overseas departments

Departments	10-digit numbers
Guadeloupe	0590 + 6-digit number
Guyana	0594 + 6-digit number
Martinique	0596 + 6-digit number
Reunion	0262 + 6-digit number
St Pierre and Miquelon	0508 + 6-digit number
Mayotte	0269 + 6-digit number

Overseas territories

New Caledonia	00 687 ...
French Polynesia	00 689 ...
Wallis and Futuna Islands	00 681 ...

Useful vocabulary

1. The phone and the calling procedures

décrocher	to pick up the phone
raccrocher	to hang up
le combiné	the receiver, the handset
un numéro de téléphone	a telephone number
un numéro de poste	an extension number
numéroter	to dial the number
composer le numéro	to dial the number
la tonalité	the dialling tone
l'indicatif (téléphonique) d'une ville/d'un pays	the area/country code
un correspondant	a correspondent
un opérateur	an operator
un téléphone sans fil	a cordless telephone
un téléphone à fréquence vocale	a digital phone, a tone-dialling phone
un répondeur (automatique) (interrogeable à distance)	a telephone answering machine (with remote access)
un bip sonore	a tone (on a recorded message)
une messagerie vocale	a voice mail
un annuaire	a telephone directory
un bottin (colloquial)	a phone book
les pages jaunes	the yellow pages
les pages blanches	the phone book
les numéros d'appel d'urgence (15 for emergency medical assistance, 17 for the police, 18 for the fire brigade)	the emergency telephone numbers

les numéros d'appel gratuits	toll-free phone numbers
un numéro vert	a Freefone number
un télécopieur	a fax machine
entendre la sonnerie du téléphone	to hear the phone ring
régler la sonnerie du téléphone	to set the volume
c'est occupé/ ça sonne occupé	it's engaged/the line is engaged
laisser sonner 3/5/… fois	to leave the phone to ring 3/5/… times
ça ne répond pas	there's no answer

2. Common phrases used on the phone

Allô	Hello
Ne quittez pas	Hold the line please
Veuillez patienter	Hold the line please
Je vous le/la passe	I'll put you on to him/her
C'est de la part de qui?	Who's calling please?
Puis-je lui transmettre un message?	May I take a message?
Un instant, je vous prie	One moment, please
Est-ce que je pourrais parler à . . .	May I speak to . . .
Je rappellerai plus tard	I'll call back later
C'est personnel	It's a personal call
Monsieur Hallé est en ligne	Mr Hallé is on the phone
(C'est) Lise à l'appareil	It's Lise (speaking)
Puis-je parler à Claire, s'il vous plaît?	May I speak to Claire please?
C'est moi	Speaking

3. When you are not at home

une cabine (téléphonique)	a phone booth
un téléphone à pièces	a coin-operated payphone
un Publiphone/téléphone à carte	a cardphone
une Télécarte	a phonecard
un Point-phone	a coin-operated payphone available for public use in restaurants, hotels, etc.
un Publifax	a fax machine available for public use in airports, hotels, etc.
un téléphone de voiture	a car phone
un téléphone portable	a mobile phone
un Bi-Bop	a type of mobile phone (a France Télécom registered design)
un pageur	a pager

4. Some of the services offered by France Télécom

les dérangements	for registering complaints about a faulty line or faults in the network generally
les renseignements téléphoniques	directory enquiries, directory assistance
être sur liste rouge	to be ex-directory
l'annuaire électronique	electronic directory on Minitel
téléphoner à quelqu'un en pcv	to make a reverse-charge call to somebody or to call somebody collect
la conversation à trois	three-way calling, a service which allows a three-way conversation between the user and two correspondents
le signal d'appel	call waiting, a service which enables the user to put a call on hold in order to take a second call
la facturation détaillée	itemized billing
le transfert d'appel	call diversion, a service which enables the user to redirect her/his calls to another number
le Mémo-appel	the reminder call

5. The Minitel

un Minitel	a terminal linking phone users to databases
pianoter sur le Minitel	to consult the Minitel
taper (*le code, etc.*)	to key (the code, etc.)
l'écran	the screen
le clavier	the keyboard
les touches de fonction:	the function keys:
envoi	enter
annulation	cancel
suite	next
répétition	repeat
retour	previous
sommaire	content
correction	delete
guide	help
connexion/fin	connect/exit
3614, 3615, 3616 . . .	the numbers for accessing the Minitel services. They are followed by a code, e.g. 3615 code SNCF allows users to access rail information (timetables, etc.)

Practical information: how to use the Minitel

- Switch on the Minitel.
- Lift the receiver and wait for the dialling tone.
- Then dial the number (3614, 3615, etc.).
- Wait for the beep, then press CONNEXION-FIN.
- Now key the access code.

To return to a previous menu:
press RETOUR or SOMMAIRE.

If you want to scroll forward or scroll back:
press SUITE to go forward or RETOUR to return to a
previous screen.

If you want to confirm your choice:
press ENVOI. The GUIDE key provides assistance should
you require any.

If you make a mistake:
use the CORRECTION key to erase a character or the
ANNULATION key to erase a block of keyed text.

On the phone . . .

Remember: in French, telephone numbers are given using double figures, e.g. for 01 34 67 62 12 you say '*zéro-un trente-quatre soixante-sept soixante-deux douze*' (zero-one, thirty-four, sixty-seven, sixty-two, twelve).

It's also a good idea to practise spelling words in French, your surname or your first name, for instance:

example 1

«Interspace, bonjour!

– *Bonjour! Est-ce que je pourrais parler à monsieur Rossi, s'il vous plaît? C'est de la part de mademoiselle Martinez.*

– *Ah, je regrette, monsieur Rossi est en réunion actuellement. Puis-je prendre un message?*

– *Oui, pourriez-vous lui demander de me rappeler au 01 45 66 74 64.*

– *01 45 66 74 64, mademoiselle Martinez. C'est noté, je le lui dirai.*

– *Merci beaucoup, au revoir.*

– *Au revoir, mademoiselle.»*

example 2

«Renseignements, bonjour!

– *Bonjour monsieur, je cherche à obtenir le numéro de mademoiselle Salathé à Nanterre.*

– *Vous pouvez m'épeler le nom de votre correspondant, s'il vous plaît?*

– *Salathé, s.a.l.a.t.h.e accent aigu.*

– *Vous connaissez son adresse exacte?*

– *Oui, 3 rue Guy Môquet.*

– *Ne quittez pas, je traite votre demande.*

– *. . .*

– *Allô? Je suis désolé, mademoiselle Salathé est sur liste rouge, je ne peux pas vous communiquer son numéro.*

– *Merci quand même, au revoir.*

– *Au revoir, madame.»*

example 3

«*Allô?*

— *Allô, Hervé?*

— *Non, c'est son père.*

— *Oh, excusez-moi, monsieur, c'est Jean à l'appareil, est-ce qu'Hervé est là?*

— *Oui, il vient de rentrer. Ne quitte pas, je l'appelle . . .*»

example 4

«*Bonjour, vous êtes bien au 05 56 78 02 72. Nous ne sommes pas là pour l'instant mais laissez-nous un message après le bip sonore et nous vous rappellerons dès notre retour!*

. . . Bip! . . .

— *Bonjour, c'est Michel, je voulais juste savoir si ça vous disait d'aller au cinéma ce soir. Rappelez-moi si vous ne rentrez pas trop tard. Sinon à plus tard. Salut!*»

example 5

«*Allô?*

— *Allô, bonjour madame!*

— *Bonjour!*

— *Pourrais-je parler à monsieur Pilard, s'il vous plaît?*

— *Oui, c'est de la part de qui?*

— *Mademoiselle Pierquin.*

— *Je suis désolée, la ligne de monsieur Pilard est occupée, vous patientez?*

— *Oui, oui.*

— *. . .*

— *. . .*

— *Allô, monsieur Pilard est toujours en ligne. Je peux peut-être vous renseigner. C'est à quel sujet?*

— *C'est personnel. Mais ce n'est pas urgent, je rappellerai plus tard. Merci.*

— *De rien, au revoir mademoiselle!*

— *Au revoir!*»

example 6

«Allô ?

– Allô, bonsoir! Je suis bien chez Monsieur et Madame Roux ?

– Oui.

– Est-ce que je pourrais parler à madame Roux, s'il vous plaît ?

– Ah, je suis désolé, ma femme est sortie, je peux prendre un message ?

– Oui, s'il vous plaît, je suis Annie Alpardin, une de ses collègues. Je voulais juste lui dire que j'ai trouvé son agenda dans le couloir en sortant du bureau. Je ne voulais pas qu'elle le cherche.

– C'est très aimable de votre part, je le lui dirai dès qu'elle rentrera.

– Merci, au revoir monsieur.

– Au revoir».

E-mail

1. Sending an E-mail

Fichier	Edition	Vue	Texte	**Message**	Rattacher	Agent	Outil	Fenêtre

Adresse:	fta.fiba.cc-mail.compuserve.fr	Nouveau
Pour:	tous	Adresser
c.c.:		Envoyer
accusé [ ]		Renvoyer
Date:	Mer 21/08/96	Enregistrer projet
Heure:	15:56:27	Répondre
Emission:	[✓] normale [ ] basse [ ] haute	Faire suivre
Objet:	places de théâtre	Supprimer
		Message suivant
		Message précédent
		Supprimer suivant
		Supprimer précédent
		Afficher pièces jointes
		Lancer pièces jointes
		Renommer pièces jointes

Message interne: avis à tous! Je vends deux places de théâtre pour "La Double Inconstance"
de Marivaux à la Comédie française le 30/11/96 à 20h. Prix des places: 150 francs. Si vous êtes
intéressés, contactez-moi par courrier électronique (adresse: sménard@fiba.cc-mail.
compuserve.fr) ou par téléphone au poste 4512.
Serge

cliquer sur «message»   clicking on 'mail'
nouveau   new
adresser   address
envoyer   send
renvoyer   send again
enregistrer projet   save new mail
répondre   answer
faire suivre   forward
supprimer   delete
message suivant   next
message précédent   next
supprimer message suivant   delete next
supprimer message précédent   delete previous
afficher pièces jointes   read attachments
lancer pièces jointes   attach
renommer pièces jointes   rename attachments

2. Receiving an E-mail

| Fichier | Edition | Vue | Texte | Message | Rattacher | Agent | Outil | Fenêtre |

Auteur:	Claire Desforges (cdesforg@cyrius.CHUcréteil.fr)
Date:	24/09/96
Heure:	11:36:12
Taille du message:	295 caractères
c.c.:	Sandrine Dupont
Objet:	Fiche technique centrifugeuse CJ-5464

J'accuse bonne réception de la centrifugeuse modèle CJ-5464. Je constate toutefois l'absence de la fiche technique correspondante. Merci de bien vouloir me la faire parvenir de toute urgence par fax ou par modem.
C. Desforges, Responsable du matériel de recherche et d'examen, C.H.U. de Créteil.

un message électronique/ un E-mail an E-mail
envoyer un E-mail to send an E-mail
recevoir un E-mail to get an E-mail
courrier arrivée incoming mail
nouveau message new mail
message non lu unread message
message envoyé message sent
objet subject
c.c. (copie à) c.c. (carbon copy)
accusé de réception acknowledgement of receipt
une adresse électronique an E-mail address
émission: normale/ basse/ haute definition: normal/low/high
une boîte de dialogue a dialog box
une feuille de message a message window
imprimer to print
enregistrer to save
quitter to exit
activé/ désactivé active/passive
ajouter des pièces jointes to attach a document
lire un menu: to read a menu:

fichier file	*rattacher* attach
édition edit	*agent* user
vue view	*outils* tools
texte text	*fenêtre* window
message mail	*aide* help

modifier une fenêtre: to modify a window:
restauration restore   *réduction* reduce
déplacement move   *agrandissement* enlarge
dimension size   *fermeture* close
suivant next

3 French correspondence

Layout of the envelope

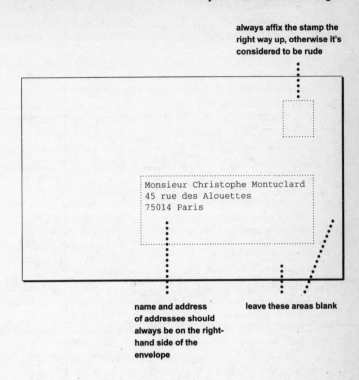

always affix the stamp the right way up, otherwise it's considered to be rude

Monsieur Christophe Montuclard
45 rue des Alouettes
75014 Paris

name and address of addressee should always be on the right-hand side of the envelope

leave these areas blank

Layout of the letter

Sandrine Pulvar ●●●●●●●●●●●●●●●●●●●●●●●●●●●●●●● ... **sender**
24 rue des Arts
75011 Paris

                    Madame Solicot ●●●●●●●●●●● ... **addressee**
                    35 boulevard Voltaire
                    75011 Paris

                    Le 24 mars 1997 ●●●●●●●●●●●● ... **date**

Recommandé avec A.R.

Madame, ●●●●●●●●●●●●●●●●●●●●●●●●●●●●●●●●●●●●● ... **opening**
                                                          formula
J'ai l'honneur de vous informer que je
souhaite résilier le bail à loyer signé le
4 avril 1995 pour l'appartement du 24 rue
des Arts.

Je me tiens à votre disposition pour
convenir d'une date de remise des clés ●●●●●●●● ... **body of the lett**
et établir avec vous un état des lieux.

Je me permets de vous rappeler que vous
disposez d'un délai maximal de trois mois
après mon départ pour me restituer la
somme de 3 100 francs que je vous ai versée à titre de dépôt de garantie.

Veuillez agréer, Madame, l'assurance de ●●●●●●●● ... **closing form**
mes sentiments distingués.

                    S. Pulvar ●●●●●●●●●●●● ... **signature**

                    S. Pulvar

Announcing a wedding in the family

Monsieur et Madame Norbert LESOURD
Monsieur et Madame Raoul RIVIERE
Monsieur et Madame Paul AURIA

sont heureux de vous faire part du mariage
de leurs enfants et petits-enfants

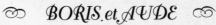

BORIS et AUDE

qui sera célébré le samedi 13 septembre 1997 à 16 heures

en l'Église Notre-Dame-des-Mariniers
à Villeneuve-lès-Avignon

33, rue de la République
74000 Annecy

86, chemin du Pont de Pierre
84000 Avignon

Announcing the birth of a baby

Pierre et Marguerite partagent avec Adrien et Alice
la joie de vous annoncer la naissance de

Nathalie

Le 10 juillet 1997

Monsieur et Madame Bon
24, rue Basfroi
75011 PARIS

Visiting card

Christian et Lise Poirier

ont le regret de ne pouvoir assister au cocktail
que vous organisez le 3 mai pour célébrer les 25
ans de la société Jacquet et vous félicitent pour
ces nombreuses années de succès.

35 avenue des Platanes
94100 St Maur
01 43 54 63 87

Invitation to a wedding

Gérard et Jacqueline Achard
12, rue Champollion
10009 Troyes

                              Troyes, le 5 avril 1997

Cher ami,

J'ai le plaisir de vous annoncer que nous marions notre fille Hélène le 12 juin à Paris. Vous recevrez bientôt un faire-part et une invitation pour le lunch qui suivra, mais je tenais à vous avertir dès maintenant pour que vous puissiez retenir votre journée du samedi. Le mariage aura lieu à la mairie du 6e à 14 heures et la messe sera célébrée en l'église Saint-Germain-des-Prés à 15 h 30.

Amicalement,

                              Jacqueline

Congratulations on a wedding

Martigues, le 18 août 1997

Chers amis,

Nous nous réjouissons pour vous du mariage de votre fille et nous vous en félicitons de tout coeur. Paul sera certainement un excellent gendre pour vous et un beau-frère apprécié par vos enfants.

Nous vous chargeons de transmettre aux futurs époux nos meilleurs voeux de bonheur et serons enchantés de venir les embrasser le jour J.

Très amicalement,

Isobelle

Good wishes for the New Year

Éliane Debard
25, rue des Alouettes
38180 Seyssin

---

le 4 janvier 1997

Je vous présente mes meilleurs vœux de bonheur et de réussite pour la nouvelle année. Que 1997 vous apporte tout ce que vous souhaitez, à vous, à votre famille et à tous ceux qui vous sont chers.

Éliane Debard

Thanks for New Year wishes

Fanny Cogne
7, avenue Calade
10099 Troyes

le 6 janvier 1997

Je vous remercie de vos vœux. À notre tour, ma famille et moi vous adressons les nôtres les plus sincères.

Fanny Cogne

Condolences: formal

Jean et Eliane Pinchon
117, boulevard Lamartine
71000 Mâcon

Mâcon, le 27 novembre 1997

Monsieur,

Nous vous adressons nos condoléances les plus sincères à l'occasion de la disparition tragique de votre épouse. Sachez qu'elle restera dans notre souvenir une personne exceptionnelle, et que nous partageons votre peine.

Recevez, Monsieur, l'expression de notre douloureuse sympathie.

E. Pinchon

Thanks for condolences: formal

Bordeaux, le 25 juin 1997

Madame,

Nous avons été très touchés de la sympathie que vous nous avez témoignée lors du décès de notre mère et nous vous en remercions sincèrement. Elle nous parlait souvent de vous et avait beaucoup d'estime pour vous.

Ces moments sont difficiles à traverser et les signes d'amitié sont toujours les bienvenus. Aussi nous vous prions de croire, Madame, en nos sentiments reconnaissants.

Raoul et Suzanne Dupin

Condolences: informal

Belley, le 22 avril 1997

Chère Janine,

J'ai appris par Francette la triste nouvelle du décès de Paul.

Je te présente mes condoléances les plus sincères, et t'assure que je pense beaucoup à toi en ces moments difficiles.

Crois bien, ma chère Janine, à l'expression de ma profonde sympathie.

Richard

Thanks for condolences: informal

Metz, le 18 février 1997

Très chers Paul et Lucie,

C'est vraiment gentil de nous avoir écrit ce petit mot si touchant. Nous savons très bien qu'il vous était impossible d'être avec nous le jour de l'enterrement de Jacques, mais nous vous savions proches de nous par la pensée.

Il va maintenant falloir reprendre le cours de la vie et c'est avec une amitié aussi fidèle que la vôtre que nous garderons courage.

Encore un grand merci du fond du cœur et à bientôt.

Nicole

Invitation to a visit

Versailles, le 26 avril 1997

Cher Charles,

À l'occasion du pont de l'Ascension, Henri et moi invitons quelques amis dans notre maison de campagne à côté de Blois. Nous serions heureux si vous pouviez être des nôtres.

Nous attendrons tous nos invités jeudi pour le déjeuner. N'oubliez pas votre équipement de golf: nous ferons un parcours si le temps le permet.

Nous vous embrassons.

Ghislaine

Invitation to a party

Paris, le 23 juin 1997

Cher Raymond,

Nous avons eu l'idée de réunir tous les copains de fac dans notre maison de Manosque le samedi 5 juillet pour arroser la thèse de Pierre. Même Albert a promis d'être là! Ce sera à la bonne franquette.

Rendez-vous aux environs de 21 heures. A bientôt.

Amicalement

Marie

Accepting an invitation: informal

Valence, le 29 juin 1997

Chers Marie et Pierre,

Super, l'idée de l'arrosage de thèse! J'accepte,
bien sûr, mais j'ai un dernier rendez-vous à 20 h 15 ce
jour-là, et je ne pourrai donc pas arriver avant 22 h,
le temps de passer chez moi pour quitter ma blouse
blanche.

En attendant, bravo à Pierre, et grosses bises.

Raymond

Invitation to a holiday together

Rueil-Malmaison, le 18 mai 1997

Chers Laurence et Alexandre,

Merci beaucoup pour votre carte de Suède. Nous avons pensé que nous pourrions profiter de votre passage en France pour faire ce tour de la Corse dont nous parlons depuis si longtemps. Nous aimerions partir le lundi 23 juin, et rester jusqu'au 17 juillet. Qu'en pensez-vous?

Dans l'attente d'une réponse de votre part, croyez, chers amis, à nos sentiments les meilleurs.

Lucien

Jacqueline

Declining an invitation

Londres, le 1er mai 1997

Ma chère Ghislaine

Votre lettre m'a fait grand plaisir, et je tiens à vous remercier d'avoir pensé à moi. Mais je dois hélas refuser votre aimable invitation: je m'étais précédemment engagé à prendre part le même jour à la célébration des noces d'or de tante Agnès et oncle Michel à Nice.

J'espère que nous aurons très bientôt l'occasion de nous revoir. Amicalement.

Marc

Accepting an invitation: formal

Troyes, le 17 avril 1997

Chers amis,

Je vous remercie de votre aimable invitation au mariage de votre fille le samedi 14 juin, que j'accepte avec joie. J'arriverai par le train de vendredi soir, puisqu'il n'y a plus de train le samedi.

Dans l'attente du plaisir de vous revoir, je vous adresse mes meilleures salutations.

Thomas Lemaître

Thanking for hospitality

Strasbourg, le 21 juin 1997

Chère madame, cher monsieur,

Je tiens à vous remercier de m'avoir invitée aux fiançailles d'Isolde, et je vous suis particulièrement reconnaissante de m'avoir offert de passer la nuit chez vous.

La fête a été très agréable et j'ai eu grand plaisir à vous revoir dans de si heureuses circonstances.

Encore merci pour tout. Bien à vous.

Anne

Thanking for a wedding gift

Brest, le 17 août 1997

Chère Anne,

Je tenais à te remercier une fois encore pour le magnifique cadre en argent que tu nous as offert en cadeau de mariage. Nous l'avons déjà utilisé... pour exposer une photo du mariage!

Grosses bises

Isolde

Acknowledgement of debt

Je, soussignée, Aline Debard, domiciliée au 39 rue des Amandiers à Nanterre, reconnais devoir à Jean-Claude Lebrun, domicilié au 45 place Verdun à Saint-Cloud, la somme de 6 000 francs qu'il a bien voulu me prêter. Je m'engage à lui rembourser cette somme dans un délai de douze mois avec un intérêt de 10 %.

Bon pour la somme de six mille francs.

Fait à Saint-Cloud le 5 avril 1997.

A Debard

Writing to a new penfriend

Le 15 janvier 1997

Cher Philippe,

Mon professeur de français, mademoiselle Jones, m'a donné ton adresse. Elle m'a dit que tu cherchais un correspondant anglais. Moi, j'aimerais bien avoir un copain français.

Je m'appelle Trevor. J'ai douze ans et j'habite à Windsor. Je fais beaucoup de sport. C'est le rugby que je préfère. Avec mes copains, on joue presque tous les samedis. A part ça, j'aime aller au cinéma et lire, surtout des romans de science-fiction.

J'ai une petite sœur qui a neuf ans. Elle s'appelle Cathy. On joue ensemble parfois mais on se dispute souvent. En fait, je préfère passer du temps avec mes copains d'école, c'est plus amusant.

J'espère que tu vas m'écrire bientôt pour me parler de toi et me dire ce que tu aimes faire. Voici mon adresse: 45 Kingston Road, Windsor SL4 5HU.

A bientôt

Trevor

Postcards

Chers amis,

Juste un petit bonjour de Palma où nous passons de très agréables vacances. Il fait un temps splendide et les plages sont superbes. Merci encore d'avoir accepté de garder Félix pendant notre absence. Nous vous revaudrons cela à l'occasion.

A très bientôt!
Emmanuel et Pierline

Monsieur et Madame Pierret
78 rue du Chemin vert
54000 Nancy
FRANCE

Soleil, pistes enneigées et soirées raclette au coin du feu: on ne pouvait rêver mieux.

Notre séjour s'annonce très bien et nous espérons en profiter au maximum.

Bons baisers de Courchevel et à bientôt.

Frédéric et Josiane

Monsieur et Madame Gendre

56 rue Jean Jaurès

75018 Paris

Arranging an exchange visit

Dublin, le 2 avril 1997

Una et Dan Farrelly
28, Leeson Drive
Artane
Dublin 5
Irlande

Monsieur et Madame Pierre Beaufort
Chalet "Les Edelweiss"
Chemin des Rousses
74400 Chamonix

Chers Danièle et Pierre,

Nous serions très heureux d'accueillir votre
fils chez nous entre le 10 et le 31 juillet et en
échange d'envoyer notre fils Kilian chez vous
pendant le mois d'août.

Kilian a 16 ans. Il fait du français depuis 4 ans.
C'est un garçon sportif: il aime la randonnée, la
natation et le tennis.

Merci de nous dire assez rapidement si cette idée
vous convient afin que nous puissions réserver
les places d'avion le plus tôt possible.

Croyez en nos sentiments les meilleurs.

U. Farrelly

U. Farrelly

Making travel plans

Monsieur et Madame Bernard Dubois
Villa les Etourneaux
132 bis, Passage du Réservoir
69140 Rillieux-la-Pape

Rillieux-la-Pape, le 15 mai 1997

Monsieur, Madame,

Nous avons bien reçu votre lettre nous confir-
mant que vous pourriez aller chercher notre
fille Lucy, le 12 juillet au soir, à l'aéroport.
Elle s'en réjouit car elle était un peu inquiète
à l'idée de prendre le bus toute seule jusqu'à la
gare. Nous vous communiquerons, dès que nous
l'aurons, le numéro de son vol et l'heure exacte
de son arrivée.

Lucy est facilement reconnaissable : elle mesure
1 m 65 et elle a les cheveux roux. Nous nous per-
mettrons de vous appeler le soir même afin de
nous assurer qu'elle est bien arrivée.

Nous vous remercions de l'accueil que vous lui
réserverez et vous prions de croire, Monsieur,
Madame, en nos sentiments les meilleurs.

J. Smith

J. Smith

Thanking the host family

Nantucket, le 17 septembre 1997

Chers Monsieur et Madame Robin,

Je voudrais vous remercier pour les vacances merveilleuses que j'ai passées dans votre propriété de Saint-Malo. Je n'oublierai jamais les repas où il y avait tant de bonnes choses, le bridge et les parties de pêche avec René. J'ai tant de bons souvenirs que je n'arrête pas de parler de la France à tous mes amis. J'espère que j'aurai très bientôt l'occasion de vous revoir tous.

Je vous embrasse affectueusement.

Doug

Enquiry to the tourist office

M. et Mme François Bolard
10, rue Eugène Delacroix
06200 Nice

        Syndicat d'Initiative
        de St-Gervais
        74170 Saint-Gervais-les-Bains

        Nice, le 24 mars 1997

Monsieur,

Mon mari et moi envisageons de passer nos vacances
d'été à Saint-Gervais. Nous vous serions reconnaissants de bien vouloir nous faire parvenir
toute la documentation dont vous disposez sur les
hôtels, la station thermale ainsi que sur les
activités proposées aux touristes en saison. Vous
trouverez ci-joint une enveloppe timbrée pour la
réponse.

Dans l'attente de vous lire, je vous prie d'a-
gréer, Monsieur, l'expression de mes sentiments
distingués.

               Bolard

              E. Bolard

Booking a gîte

Claire Fauvel
36 avenue du Général de Gaulle
78400 Chatou
01 34 42 78 76

Madame Poterre
Route du Champ blanc
56630 Vernon

Le 4 février 1997

Madame,

J'ai eu votre adresse par l'intermédiaire du syndicat d'initiative de Vannes qui m'a envoyé une liste des gîtes de la région.

Mon mari et moi recherchons, pour les vacances de Pâques, une maison calme et avec un grand jardin. Nous avons trois enfants et nous souhaiterions prendre nos vacances du 5 au 12 avril. Auriez-vous l'amabilité de me faire savoir si votre gîte est disponible à ces dates? Pourriez-vous également me confirmer le tarif annoncé par le syndicat d'initiative, à savoir 1 800 francs la semaine?

Je vous remercie d'avance et vous prie d'agréer, Madame, mes salutations distinguées.

C. Fauvel

Offering house exchange

Pierre Clément
Résidence des Lacs d'Auvergne
Chalet n° 18
63610 Besse

                    Madame Perrin
                    2 rue de la Poste
                    14360 Trouville-sur-Mer

                    Clermont, le 2 mai 1997

Chère Madame,

Vos amis, monsieur et madame Blanchet, nous
ont dit que vous seriez heureuse de pouvoir
échanger votre villa en Normandie contre
notre chalet qui est au bord du lac des
Corbeaux, en Auvergne. Nous serions
intéressés par cette idée pour la seconde
quinzaine d'août.

Si cette période vous convient, nous vous
adresserons une photo et un descriptif
détaillé du chalet.

Dans l'attente de vous lire, je vous adresse,
Chère Madame, mes sentiments les meilleurs.

                        Clément

                        P. Clément

Responding to an offer of house exchange

L. Dury
Chalet des Pentes
38860 les Deux-Alpes

Madame J. Lemaire
Route de Châteauroux
36200 Argenton-sur-Creuse

le 1er mai 1997

Madame,

J'ai bien reçu votre offre d'échanger votre
ferme à la campagne et notre chalet entre le
1er et le 30 juin prochains. Nous sommes
désolés, mais les dates que vous proposez
ne correspondent pas à celles où nous
envisageons de prendre nos vacances. Peut-
être l'année prochaine cela sera-t-il possible? Nous reprendrons contact avec vous
en temps voulu.

Je vous souhaite bonne chance et vous
adresse, Madame, mes salutations distinguées.

L. Dury

Booking a hotel room

Madame Solange Vernon
125 bis, Route Nationale
18340 Levet

                          Maison de Famille Le Repos
                          Chemin des Lys
                          06100 Grasse

                          le 22 mars 1997

Monsieur le Directeur,

J'ai bien reçu le dépliant de votre maison, ainsi que les
tarifs que je vous avais demandés, et je vous en remercie.

Je souhaite réserver une chambre calme avec bains et wc,
en pension complète pour la période du 27 avril au 12
mai. Je vous adresse ci-joint un chèque de 600 francs
d'arrhes.

Je vous en souhaite bonne réception, et vous remerciant
par avance, je vous prie de croire, Monsieur le
Directeur, en mes sentiments les meilleurs.

                                          S. Vernon

P.J.: un chèque postal de 600 francs

Cancelling a hotel booking

Fréderic Brunet
5, rue du Marché
73700 Bourg-Saint-Maurice

> Hôtel des Voyageurs
> 9, cours Gambetta
> 91949 Les Ulis CEDEX

> Bourg, le 15 décembre 1997

Monsieur,

Je suis au regret de devoir annuler ma réservation d'une chambre pour deux personnes pour la nuit du 24 au 25 décembre, que j'avais effectuée par téléphone le 18 novembre dernier, à mon nom.

Je vous remercie de votre compréhension et vous prie d'agréer, Monsieur, l'expression de mes sentiments distingués.

> F. Brunet

Letting your house

Monsieur et Madame Léon Panisse
Résidence Le Bord de Mer
Rue des Pins
83230 Bormes-les-Mimosas

             Monsieur Brun
             8, place Colbert
             69001 Lyon

             Bormes, le 4 avril 1997

Cher Monsieur,

La maison que nous mettons en location est une villa de plain-pied, avec terrasse face à la mer et accès direct à la plage. Elle est située sur un terrain clos et boisé.

Elle se compose de deux chambres (couchage pour 6 personnes en tout), un salon-salle à manger, une kitchenette équipée, une salle de bains avec douche et un WC indépendant. Le montant de la location pour juillet est de 11 000 F charges non comprises.

Souhaitant que cette offre vous convienne, je vous prie d'agréer, Cher Monsieur, l'expression de mes sentiments distingués.

                         L. Panisse

Renting a holiday house

Monsieur C. Pernaudet
135, rue de la Gaîté-Montparnasse
75014 Paris

                    Agence "LES DUNES"
                    Promenade de l'Océan
                    33120 Arcachon

                    Paris, le 7 mai 1997

Messieurs,

Nous sommes à la recherche d'une location pour le
mois d'août prochain dans votre région. Nous
souhaitons trouver une maison pour 6/8 personnes
avec un terrain clos et ombragé, même éloigné de
la plage.

Pourriez-vous nous adresser le descriptif
détaillé, avec si possible une photo et les tarifs
de location, de ce que vous avez à nous proposer?

Dans l'attente de votre réponse, je vous prie
d'agréer, Messieurs, l'expression de mes
sentiments distingués.

Booking a caravan site

Monsieur C. Bonnet
235, Bd Lénine
95200 Sarcelles

> Camping-Caravaning
> "LES EMBRUNS"
> 18, allée des Capucins
> 22116 Moëlan-sur-Mer

> Sarcelles, le 14 juin 1997

Madame,

Nous souhaitons à nouveau réserver, cette année en août, l'emplacement de caravane que nous avions loué en juillet dernier et qui se trouvait dans la partie nord du camping (numéro 12/B/224).

Acceptez-vous les animaux cette année? Nous avons un tout petit chien que nous ne pouvons laisser chez nous.

Dès que nous aurons confirmation de votre part, nous vous adresserons le montant de la réservation, que vous voudrez bien nous indiquer.

Veuillez croire, Madame, en l'expression de nos sentiments distingués.

Enquiry to a camp site

E. Aubin
3, bd du Maréchal Joffre
94260 Fresnes

Camping des Vagues
Bd de la Plage
44250 Saint-Brévin-les-Pins

Fresnes, le 3 avril 1997

Monsieur,

Nous avons eu votre adresse par le Syndicat d'Initiative de Saint-Brévin, et nous aimerions avoir quelques renseignements complémentaires sur votre camping.

Pourriez-vous nous préciser si les emplacements sont ombragés, si les animaux sont admis et s'il y a des commerces à proximité? Nous aimerions également connaître vos tarifs, ainsi que les délais pour réserver.

Vous remerciant par avance, je vous prie de croire, Monsieur, en mes sentiments distingués.

E. Aubin

Asking for a theatre programme listing

M. Jean Leduc
12, boulevard de la République
77300 Fontainebleau

        Opéra Bastille
        Service Réservations
        120, rue de Lyon
        75012 Paris

        le 22 juin 1997

Monsieur,

Je vous serais reconnaissant de bien vouloir me
faire parvenir le programme complet des
représentations prévues pour la saison 1997-98,
ainsi que toutes les précisions concernant les
dates, les tarifs, les abonnements et les jours
et heures d'ouverture de vos guichets.

Dans l'attente de vous lire, recevez, Monsieur,
l'assurance de mes sentiments distingués.

         Jean Leduc

         J. Leduc

Ordering theatre tickets

Monsieur J. Greiner
12, rue des Arènes
13200 Arles

Théâtre de Poche
Place du Théâtre
84100 Orange

le 24 mai 1997

Messieurs,

Suite à mon appel téléphonique de ce jour, je vous adresse un chèque de 1250 francs à l'ordre du Théâtre de Poche pour la réservation en matinée du 7 juin prochain de cinq corbeilles.

Comme convenu, je retirerai ces places le jour même, une demi-heure avant le début du spectacle.

Veuillez agréer, Messieurs, l'expression de mes sentiments distingués.

J. Greiner

P.J.: un chèque bancaire de 1250 francs

Writing to a lawyer about house purchase

Christiane Picard
Tour B, Immeuble Les Anémones
Boulevard Leclerc
95200 Sarcelles

Maître Nicaud
Notaire
22, Place de l'Eglise
13150 Tarascon

Paris,
le 1er décembre 1997

Cher Maître,

Je serais intéressée par une petite propriété dans la région d'Avignon. J'ai
besoin d'un bâtiment d'habitation de 6
pièces au moins, et d'un terrain attenant
arboré de 5000 m^2 environ. Je vous serais
reconnaissante si vous acceptiez de vous
charger de me trouver quelque chose.

Dans l'attente de votre réponse, veuillez
agréer, Cher Maître, l'expression de ma
considération distinguée.

Picard C.

Writing to a future neighbour

```
Albert Mercier
Le Clos
22, rue du Foyer
25110 Baume-les-Dames

                    Madame Laurent
                    29, impasse des Chrysanthèmes
                    25000 Besançon

                    le 26 février 1997

Madame,

Vous avez appris que la famille Binet avait dû
mettre en vente sa maison pour cause de mutation.
J'en suis le nouveau propriétaire et je compte m'y
installer dès que les travaux de remise en état
seront terminés, c'est-à-dire au printemps
prochain.

J'espère que ces travaux ne vous dérangeront pas
trop, et que j'aurai le plaisir de faire votre
connaissance lors de mon installation. Je crois
deviner, à la vue de votre superbe jardin, que
nous partageons le même goût du jardinage!

Dans l'attente de vous rencontrer, je vous
adresse, Madame, mes salutations distinguées.

                    A. Mercier

                    A. Mercier
```

To a neighbour

Joseph Bocquet
27, rue de Verdun
25000 Besançon

                    M. André Delacroix
                    29, rue de Verdun
                    25000 Besançon

                    Le 6 mars 1997

Monsieur,

J'ai eu la grande surprise de constater au
cours de mon récent séjour dans ma villa de
Besançon que vous aviez fait planter deux
saules pleureurs le long du mur mitoyen qui
sépare nos deux propriétés. Ces arbres n'étant
pas à la distance réglementaire, et dans le
souci de préserver nos bonnes relations de
voisinage, je vous demande de bien vouloir les
faire déplacer, et vous en remercie par
avance.

Recevez mes meilleurs sentiments.

                    J. Bocquet

Giving notice to a landlord

Sandrine Pulvar
24 rue des Arts
75011 Paris

> Madame Solicot
> 35 boulevard Voltaire
> 75011 Paris
>
> Le 24 mars 1997

Recommandé avec A.R.

Madame,

J'ai l'honneur de vous informer que je souhaite résilier le bail à loyer signé le 4 avril 1995 pour l'appartement du 24 rue des Arts.

Je me tiens à votre disposition pour convenir d'une date de remise des clés et établir avec vous un état des lieux.

Je me permets de vous rappeler que vous disposez d'un délai maximal de trois mois après mon départ pour me restituer la somme de 3 100 francs que je vous ai versée à titre de dépôt de garantie.

Veuillez agréer, Madame, l'assurance de mes sentiments distingués.

S. Pulvar

S. Pulvar

To a bank: disputing bank charges

Jean-François Devert
3 rue des Lilas
92100 Boulogne

        Monsieur Girard
        Directeur d'agence
        Banque MASSON
        1 place Glacière
        92100 Boulogne

        Le 19 mars 1997

Monsieur,

Je reçois aujourd'hui même mon relevé bancaire et je constate avec étonnement que quatre jours d'agios ont été retenus sur mon compte.

Mon compte a effectivement été à découvert du 10 au 14 mars, mais à la suite d'une erreur de la part de vos services. Le 3 mars, j'ai en effet déposé un chèque de 3 500 francs qui a été égaré. Dès que je me suis aperçu que mon compte n'avait pas été crédité du montant du chèque, je l'ai signalé à l'un de vos employés, qui m'a assuré qu'il ne serait pas tenu compte de mon découvert.

Je trouve absolument anormal d'être pénalisé pour une erreur indépendante de ma volonté et me verrais dans l'obligation de clore définitivement mon compte courant et mon compte épargne si vous ne faites pas le nécessaire pour régler la situation au plus vite.

Veuillez agréer, Monsieur, l'expression de mes sentiments distingués.

J-F Devert

J-F. Devert

To an insurance company about a claim

Monsieur Ramirez
86, rue de la Convention
75015 Paris

> ASSURTOURIX
> 123, Rue Duranton
> 75449 Paris CEDEX 15
>
> Paris, le 24 mars 1997

Lettre recommandée
Police n° 3400510F

Messieurs,

Par la police référencée ci-dessus en date du 24 janvier 1987, j'ai fait assurer mon appartement situé rue de la Convention.

A la suite des très fortes bourrasques de la nuit dernière, les stores de la terrasse nord, ainsi que les volets, ont été arrachés et ont gravement endommagé le balcon voisin. Puis-je vous demander de m'envoyer un de vos experts le plus tôt possible, afin de constater l'étendue du sinistre et de chiffrer le montant des dommages subis?

Avec mes remerciements, je vous prie de croire, Messieurs, à l'assurance de mes sentiments distingués.

A. Ramirez

Enquiry to the tennis club

Madame D. Martinez
23, clos des Martyrs
13006 Marseille

CLUB DE TENNIS
DES GARRIGUES
Chemin des Bruyères
13260 Cassis

le 15 juin 1997

Messieurs,

Future habitante de Cassis, je souhaiterais connaître les conditions d'inscription à votre club, et savoir si vous proposez des cours particuliers ou des stages. Pratiquez-vous des tarifs familiaux? En effet, mon mari et mon fils aîné, joueurs classés, souhaitent un entraînement intensif alors que mes deux plus jeunes enfants souhaiteraient débuter.

Par avance, je vous remercie des informations que vous voudrez bien me fournir et vous prie de croire, Messieurs, en mes sentiments les meilleurs.

D. Martinez

To the telephone company

Mlle Elkabouri
27, rue Pierre et Marie Curie
88100 Epinal

> Agence Commerciale
> France Télécom
> 88001 Epinal
>
> le 1er mai 1997

Objet: demande de raccordement au réseau

Monsieur,

Je désire faire installer le téléphone dans mon nouveau domicile, 27, rue Pierre et Marie Curie. L'appartement n'est actuellement pas équipé de prise de raccordement au réseau téléphonique. J'aimerais que soient installés deux postes. Je voudrais également pouvoir disposer d'un minitel.

Je vous serais reconnaissante de bien vouloir faire le nécessaire.

Veuillez agréer, Monsieur, l'assurance de mes salutations distinguées.

F. Elkabouri

To a newspaper: asking for support

JEAN-MICHEL JOLIVET
3 BIS, CHEMIN DES ACACIAS
13260 CASSIS

Marseille, le 18 juin 1997

LA RAFALE
Le Quotidien des Bouches-du-Rhône
12, route des Calanques
13004 MARSEILLE

Messieurs,

En tant que Vice-Président du Club de Pêche des
Bouches-du-Rhône, et comme chaque année, je viens
solliciter votre collaboration pour l'organisation
de notre kermesse d'été.

Vous avez en effet pour habitude de faire connaître,
gracieusement, et par voie de presse, les dates de
cette kermesse qui se déroulera cette année les 13 et
14 juillet sur le Vieux Port. Je compte sur vous pour
prendre en charge, comme l'an dernier, le montage du
podium ainsi que l'animation de notre tombola.

Pourriez-vous me donner une réponse rapide? Je vous
remercie par avance de cette aide que vous nous ap-
portez à tous.

Je vous prie de croire, Messieurs, en mes sentiments
reconnaissants.

To a television channel: approving

Madame ROSIERE
156, boulevard des Maréchaux
75013 PARIS

Paris, le 12 novembre 1997

Emission l'Echo du Passé
France 2
35, rue Cardinet
75017 PARIS

Messieurs,

Je tiens à vous féliciter chaleureusement pour
votre dernière émission de l'Echo du Passé de
dimanche dernier.

Si vous avez été violemment critiqués pour votre
présentation de courts-métrages d'époque, je
tiens à vous faire part de ma totale adhésion à
votre point de vue. Il est en effet indispensable,
afin de se forger une opinion personnelle objec-
tive, de pouvoir se référer à des documents
authentiques même s'ils ne sont pas d'une qualité
irréprochable.

Je vous encourage donc à continuer dans cette voie
et vous assurant de mon soutien, je vous prie de
croire en toute ma considération.

S. Rosière

To a teacher about sick child's absence

Mours-Saint-Eusèbe, le 23 mars 1997

Madame,

Je vous demande de bien vouloir excuser
l'absence de mon fils Julien DUPONT, élève
de cinquième B, les 19, 20, 21 et 22 mars derniers.
Julien a dû rester alité en raison d'une double otite.
Je vous adresse ci-joint un certificat médical.

Veuillez agréer, Madame, l'expression de mes
sentiments distingués.

A. Dupont

To a school about admission

Madame H. Vannier
Lieu-dit Les Chênes Verts
1123, Route de Montluçon
18270 Culan

> Monsieur le Directeur
> Ecole Privée Mixte
> Rue de la Gare
> 18200 Saint-Amand-Montrond

> le 3 mars 1997

Monsieur,

A la rentrée scolaire prochaine, notre fils Robert fera son entrée en 6ème. Nous habitons une ferme isolée, et nous envisageons de le mettre en pension.

Avant de solliciter un rendez-vous avec vous, nous souhaiterions connaître les conditions d'admission dans votre école, ainsi que le règlement de l'internat et le montant des frais de pension et de scolarité.

Par avance, je vous remercie de votre réponse et vous prie de croire, Monsieur, en mes salutations distinguées.

> H. Vannier

To a university about admission

Stephen Evans
3136 P Street NW
Washington, DC, 20007
USA

```
                          Washington, le 8 avril 1997

                          M. le Président
                          de l'Université Lumière
                          86, rue Pasteur
                          69365 Lyon Cedex 07

Objet : demande de renseignements

Monsieur le Président,

Je suis étudiant en latin à l'Université de
Columbia où je suis en train de terminer ma
Maîtrise (MA). Je vous serais reconnaissant de me
faire savoir s'il est possible de m'inscrire dans
votre université pour y faire un Doctorat, et de
me dire quelles sont les démarches à effectuer.

Veuillez agréer, Monsieur le Président, l'ex-
pression de mes respectueuses salutations.

                          S. Evans
```

Enquiring about prices

Association des Parents d'élèves
Groupe scolaire de la Ville basse
3, rue George Sand
87100 LIMOGES
Tél.: 05 55 22 78 04

> RECREATOUR
> 25 avenue du Château
> 41000 BLOIS
>
> le 18 février 1997

Monsieur,

Nous souhaiterions organiser durant trois jours - au moment du week-end du 1er mai - une visite de la région bordelaise pour les enfants de notre établissement et leurs parents.

Nous aurions besoin d'une documentation complète, et souhaiterions connaître les tarifs :
- pour le voyage en car seulement,
- pour le voyage et l'hébergement,
- pour le voyage, l'hébergement et les repas en demi-pension.

Vous remerciant par avance de votre réponse, nous vous prions de croire, Monsieur, en nos sentiments distingués.

> Madame Petit
> Présidente de l'Association

To the builders: asking for an estimate

Monsieur et Madame Yves Laplace
Villa Mon Rêve
56, rue du Bois
59600 Maubeuge
tél.: 03 27 09 66 46

>   Monsieur Berthin
>   Entreprise Mahieux et Cie
>   Zone Industrielle
>   Bloc Q7 T23
>   59600 Maubeuge

>   le 17 mars 1997

Monsieur,

Nous souhaiterions faire construire à
l'adresse ci-dessus une piscine chauffée et
éclairée qui puisse être utilisable dès l'été
prochain. Pourrions-nous convenir d'un
rendez-vous ici, afin que vous puissiez vous
rendre compte sur place des caractéristiques
de notre propriété?

Nous vous demanderons d'apporter une documentation variée afin que nous puissions faire
notre choix. Nous souhaiterions avoir un
devis précis au moment des vacances de
Pâques.

Nous vous adressons, Monsieur, nos salutations distinguées.

Laplace

Y. Laplace

To the builders: asking for work to be undertaken

Club des Sportifs
12, allée de la Plage
14800 Deauville
Tél.: 02 35 03 12 76

Deauville, le 15 mai 1997

ENTREPRISE Roux
Route de Normandie
14001 Caen cedex

Monsieur,

Nous avons le plaisir de vous faire savoir que
le devis que vous nous avez adressé pour la
construction d'un tennis "Clairdal" nous convient
parfaitement.

Nous souhaitons que les travaux commencent le plus
tôt possible afin que tout soit terminé, y compris
l'aménagement floral, pour le 18 juin prochain,
les tournois commençant la semaine suivante.

Nous vous prions de croire, Monsieur, en nos sentiments les meilleurs.

Lelarré

Monsieur Lecarré
Gérant

To the builders: complaining about delay

Monsieur Guy Moreau
12, rue Henri Gorjus
69004 Lyon

    Entreprise Simon Associés
    69006 Lyon

    le 15 juin 1997

Lettre avec AR

Messieurs,

Lors de notre dernier rendez-vous de chantier,
je vous avais dit mon inquiétude quant au retard
qu'avaient pris les travaux que nous vous avons
confiés. Vous m'aviez alors assuré que tout
serait terminé pour le 1er juillet.

Il est évident aujourd'hui qu'il me sera impossible d'emménager à cette date, les travaux de
plomberie n'ayant même pas commencé. Je vous
rappelle que j'ai promis de libérer mon logement
actuel pour le 30 juin et que les frais causés
par un retard de votre part seront à votre
charge.

Je vous prie d'agréer, Monsieur, l'expression de
mes sentiments distingués.

        G. Moreau

To the builders: complaining about quality of work

M. Brunaud
25240 Mouthe
téléphone : 03 81 82 13 27

M. Pinet
Entreprise de bâtiment
Grand rue
25970 Epeugney

Mouthe, le 7 novembre 1997

Monsieur,

Je vous ai fait poser des doubles vitrages en
PVC dans ma résidence de Mouthe le mois
dernier. Je suis au regret de vous dire que
toutes les fenêtres de l'étage présentent le
même défaut d'étanchéité, qui entraîne la
présence de condensation entre les deux
vitres. Ces travaux étant sous garantie, je
vous demanderais de faire le nécessaire dans
les plus brefs délais afin qu'une solution
soit apportée avant l'hiver.

Veuillez agréer, Monsieur, l'expression de
mes salutations distinguées.

M. Brunaud

Looking for a placement in a computer company

Laurent PIGNON
14 bis, impasse des Aqueducs
69005 LYON
tél. : 04 78 47 98 54

Lyon, le 12 décembre 1997

Société Giudici
Z.I. des Pâquerettes
69575 DARDILLY CEDEX

à l'attention de Monsieur le Chef du Personnel

Monsieur,

Actuellement étudiant à l'Ecole d'Informatique Générale de Lyon, je dois effectuer un stage d'une durée de quatre mois dans une entreprise d'informatique afin de mettre en pratique l'enseignement qui m'est dispensé.

Connaissant bien la réputation de votre entreprise dans la région, je souhaiterais vivement pouvoir faire ce stage d'informaticien chez vous. Je me tiens à votre entière disposition si vous désirez me rencontrer.

Vous remerciant par avance de l'attention que vous voudrez bien porter à ma candidature, je vous prie, Monsieur, d'agréer l'expression de mes sentiments respectueux.

L. Pignon

p.j.: un curriculum vitae

Enquiring about jobs

Valérie Giraud
Les Flots
Route de Deauville
14360 Trouville-sur-Mer

Trouville, le 27 octobre 1997

A Monsieur le Directeur
Editions La Pensée Française
75005 Paris

Monsieur,

Après un diplôme de sciences politiques (IEP Paris),
j'ai entamé il y a quelques années une carrière de
journaliste que je me vois contrainte d'abandonner
pour des raisons familiales. J'aimerais dorénavant
utiliser mes dons et mes compétences dans le domaine
de l'édition ou de la traduction. Je parle trois des
principales langues européennes, ainsi que l'indique
le C.V. ci-joint, et je pense avoir de bonnes disposi-
tions pour l'écriture.

Je suis prête à me rendre à un entretien si vous le
jugez utile.

Recevez, Monsieur, l'expression de mes salutations
distinguées.

V. Giraud

P.J. : un curriculum vitae

Looking for a job

Mme Lise Martin
26, boulevard Jean Jaurès
78000 Versailles
tél.: 01 43 20 80 20

Versailles, le 7 novembre 1997

Société Design et Déco
17, rue Henri Barbusse
75014 Paris

Monsieur,

Titulaire d'un diplôme de décoratrice d'intérieur et ayant une
solide expérience dans la profession, ainsi que vous pourrez le
constater à la lecture du curriculum ci-joint, je vous écris pour
vous proposer mes services. Ayant élevé mes deux enfants, je
cherche un emploi à plein temps, mais saurai me contenter d'un
mi-temps si nécessaire.

Dans l'attente de vous lire, je vous prie d'agréer, Monsieur,
l'expression de mes sentiments les meilleurs.

L. Martin

P.J.: un curriculum avec photographie
un dossier de mes réalisations antérieures

Replying to a job ad

JEAN-LUC MORIN
12, AVENUE D'ANGLETERRE
62107 CALAIS

Calais, le 14 février 1997

A Monsieur le Directeur
Arts et Design Gadgeteria
27, rue Victor Hugo
59001 Lille

Monsieur,

L'annonce parue en page 2 de l'édition du 12
février du Courrier Picard concernant un poste
de concepteur m'a vivement intéressé. Mon
contrat à durée déterminée chez Solo and Co.
touche à sa fin. Je pense posséder l'expérience
et les qualifications requises pour vous
donner toute satisfaction dans ce poste, comme
vous pourrez le constater au vu de mon CV. Je me
tiens à votre disposition pour un entretien
éventuel, et vous prie d'agréer, Monsieur,
l'expression de mes sentiments distingués.

J.L. Morin

P.J.: un CV avec photo

Offering a job as an au pair

Madame E. Dulac
122, rue de la Mignonne
69009 Lyon
téléphone: 04 78 22 97 64

Le 26 mai 1997

Madame,

J'ai appris par le Centre Social que votre fille de 17 ans était à la recherche d'un emploi qui lui permettrait de s'occuper de jeunes enfants. Or je cherche une jeune fille sérieuse qui puisse prendre en charge mes jumelles de cinq ans pendant le mois de juillet lorsque je serai au bureau, et qui puisse faire quelques petits travaux ménagers. Elle serait nourrie, logée, blanchie et recevrait une rémunération de 3000 F par mois.

Si cela intéresse votre fille, je lui propose de prendre contact avec moi dès que possible au numéro ci-dessus.

Je vous prie de croire, Madame, en mes sentiments les meilleurs.

E. Dulac

Applying for a job as an au pair

Sally Kendall
5, Tackley Place
Reading RG2 6RN.
England

Reading, le 17 avril 1997

Madame et Monsieur,

Vos coordonnées m'ont été communiquées par l'agence "Au Pair International", qui m'a demandé de vous écrire directement. Je suis en effet intéressée par un emploi de jeune fille au pair pour une période de six mois au moins, à partir de l'automne prochain.

J'adore les enfants, quel que soit leur âge, et j'ai une grande expérience du baby-sitting, comme vous pourrez le constater au vu du CV ci-joint.

Dans l'espoir d'une réponse favorable, je vous prie d'agréer, Madame et Monsieur, l'expression de mes respectueuses salutations.

S. Kendall

P.J.: un CV

Asking for a reference

Craig McKenzie
15 Rowan Close
Torquay
Devon
TQ2 7QJ

                              Torquay, le 12 janvier 1997

Monsieur,

J'ai été votre étudiant en DEA pendant
l'année 1995-1996.

Je constitue actuellement un dossier pour
postuler un emploi à l'Université de St
Andrews et je dois fournir deux lettres de
recommandation. Accepteriez-vous d'en
écrire une? Si votre réponse est oui, je
vous serais très reconnaissant de faire
parvenir cette lettre directement à l'université.

Avec mes remerciements, et l'expression de
mes sentiments respectueux.

P.J.: description de poste
      enveloppe timbrée

Thanking for a reference

Christian Jouanneau
12, avenue d'Angleterre
62107 Calais

le 30 mars 1997

Chère Madame,

Je tiens à vous remercier d'avoir bien voulu apporter votre soutien à ma candidature à un poste de concepteur chez Arts et Design Gadgeteria. J'ai eu un entretien avec leur directeur du personnel, et j'ai le plaisir de vous annoncer que j'ai été sélectionné. J'en suis très satisfait, d'autant plus qu'il y avait de nombreux candidats. Transmettez mon bon souvenir à mes anciens collègues.

Recevez, Chère Madame, l'expression de ma profonde gratitude.

Accepting a job

```
Gabriel Maréchal
11, rue Jules Ferry
85000 La Roche-sur-Yon

                    M. Ramirez
                    Ferme modèle du Grand Pré
                    14260 Aunay-sur-Odon

                    le 3 avril 1997

Monsieur,

C'est avec le plus grand plaisir que j'ai
reçu votre courrier m'informant que j'avais
été choisi pour le poste de pépiniériste
auquel j'étais candidat. Je vous confirme
par la présente que je serai en mesure de
prendre ce poste à compter du 5 mai.
J'arriverai dans la soirée du 4, et me
présenterai à vous dès 7 heures le lende-
main matin.

Je vous prie de croire, Monsieur, à mes sen-
timents les meilleurs.

                              G. Maréchal
```

Refusing a job

René Perrot
13, rue Lamartine
38590 Brézins

> Entreprise Bideau
> Electricité générale
> Quartier des Balmes
> 01370 Saint-André-de-Corcy
>
> le 28 mars 1997

Monsieur,

Je vous suis reconnaissant de m'avoir offert un emploi d'électricien dans votre entreprise. Toutefois, ma situation personnelle a changé depuis notre dernier entretien. En effet, ma femme qui travaille dans l'Education nationale vient d'être nommée en Haute-Vienne. Je me vois donc dans l'obligation de refuser votre offre.

J'espère que vous ne me tiendrez pas rigueur de ce désistement, et vous prie d'agréer l'expression de mes meilleurs sentiments.

> R. Perrot

Giving a reference

🏠
UNIVERSITE DE CLERMONT-FERRAND 1
27, avenue Michelin
63567 Clermont-Ferrand Cedex 3
téléphone 04 73 40 60 31

Clermont-Ferrand, le 13 mars 1997

A QUI DE DROIT

Monsieur Louis Filard a été mon étudiant en classe de géométrie pendant l'année universitaire 1994–95. Bien que la classe ait été fort nombreuse, je me souviens de lui comme d'un étudiant attentif, prompt à poser des questions très souvent pertinentes, et obtenant des résultats tout à fait honorables dans ses travaux écrits. Sérieux et appliqué, il a fait montre de qualités qui laissent bien augurer de son avenir. Je ne doute pas qu'il puisse donner entièrement satisfaction dans l'emploi qu'il postule.

E. Chapier

Madame Eliane Chapier
Maître de Conférences
Faculté de Mathématiques
Université de Clermont-Ferrand

Resigning from a post: waiter

Frédéric Aubert
12, avenue de la Gare
07100 Annonay

M. Bedeau
Café-Bar des Anglais
Grand Place
07440 Alboussière

Annonay, le 12 septembre 1997

Monsieur,

Par cette lettre je vous prie de prendre note de ma décision de démissionner de mon emploi de garçon de café à dater du 10 octobre prochain. Pour des raisons familiales, je me vois en effet dans l'obligation de quitter la région.

Je vous remercie de la sympathie que vous m'avez exprimée au cours des dernières semaines, qui ont été particulièrement difficiles.

Je vous prie de croire à mes sentiments les meilleurs.

F. Aubert

Resigning from a job

Manuella Viera
27 rue des Epinettes
75017 Paris

M. Benoît Gance
Directeur Général
S.R.T.I.

Recommandé avec A.R.

Le 5 juin 1996

Monsieur,

J'ai l'honneur de vous présenter ma démission du poste d'assistante de direction que j'occupe dans votre entreprise depuis le 15 septembre 1994.

Mon préavis commencera le 7 juin 1996 et s'achèvera le 7 août 1996, date après laquelle je serais libre de tout engagement envers votre entreprise.

Veuillez agréer, Monsieur, toute ma considération.

M Viera

Attestation of employment

S.R.T.I.
48 rue St André
92800 Puteaux - La Défense

A QUI DE DROIT

Je soussigné, Benoît Gance, certifie que
mademoiselle Manuella Viera a travaillé en
qualité d'assistante de direction à la
S.R.T.I. du 15 septembre 1994 au 6 août
1997.

Fait à Paris le 6 août 1997.

Benoît Gance

M. Benoît Gance
Directeur Général

Memorandum

NOTE DE SERVICE

Le 05/06/1997

Pour des raisons de sécurité, il est rappelé au personnel que l'accès aux locaux
est strictement interdit du vendredi 22h00
au lundi 6h00, sauf autorisation spéciale
délivrée par M. Fabre.

La direction

Asking for a catalogue

Thomas Lavant
3, rue des Epinettes
94170 Le Perreux

Besançon, le 13 janvier 1997

Entreprise J. Rossi SARL
Optique en gros
Z.I. des Hauts Fourneaux
25000 BESANÇON

Monsieur

Je vous serais reconnaissant de bien vouloir
m'envoyer le catalogue des jumelles et longues-
vues que vous commercialisez, avec la liste des
prix.

Recevez, Monsieur, l'assurance de mes
salutations distinguées.

T. Lavant

Sending a catalogue

AGENCE BERNARD
S.A.R.L.
85, route de l'Hippodrome
92153 SURESNES CEDEX
tél.: 01 46 26 51 22   fax: 01 46 26 44 99

Suresnes, le 6 février 1997

Madame Ménard
Résidence du Val d'Or
Appartement 2B
92800 PUTEAUX

Réf. : ML-94-127

Chère Madame,

Comme chaque année, nous vous adressons un catalogue des voyages que nous proposons à des prix très avantageux aux personnes retraitées pouvant partir en dehors des périodes d'affluence. Vous y trouverez tous les détails concernant les dates, les prix, les conditions de séjour, etc.

Que vous choisissiez le Sahara ou le Cap Nord, vous serez enchantée de votre décision. De plus, nous offrons gracieusement un superbe sac de voyage à nos premiers inscrits.

Alors, à bientôt, Madame Ménard, le plaisir de vous voir et croyez en nos sentiments très dévoués.

Nicole LEFET
Responsable Commerciale

P. J.: un catalogue 1997

Asking for samples

Madame Bordoni
Couturière
2, impasse du Parc
50760 Barfleur
Téléphone: 02 45 45 22 34

> Filatures Fouquet
> 1854 route de Nantes
> 49300 Cholet
>
> le 18 avril 1997

Madame, Monsieur,

J'ai bien reçu votre catalogue et je vous en remercie, mais avant de passer ma commande, je souhaiterais recevoir un lot d'échantillons des tissus qui figurent de la page 248 à la page 322.

Je vous remercie de votre compréhension et vous adresse, Madame, Monsieur, mes salutations distinguées.

> G. Bordoni

Sending samples

S.A.R.L. SOFITTO

3, rue du Bois   10000 TROYES

Téléphone: 03 29 10 47 30   Télécopie: 03 29 10 51 88

Troyes, le 28 juillet 1997

Madame Isabelle Dubreuil
15, av. de la République
86000 Poitiers

Référence : 45-22-OXT

Madame,

Suite à votre demande, nous avons le plaisir de vous adresser par courrier séparé un échantillonnage complet de toutes les laines que nous pouvons vous fournir.

Vous trouverez certainement ce qui vous conviendra parmi les nombreux coloris et les diverses variétés de fil que nous vous proposons. Lorsque vous aurez fait votre choix, nous vous serions reconnaissants de nous retourner ces échantillons afin que nous puissions en faire bénéficier d'autres clientes.

Restant à votre disposition pour tout renseignement complémentaire, je vous prie de croire, Madame, en mes sentiments respectueux et dévoués.

G. Durand
Service Commercial

Asking for an estimate

Monsieur et Madame Mercier
32, avenue des Marronniers
94500 Champigny sur Marne
Tél: 01 48 93 72 30

le 3 juin 1997

Cavanna & Fils
76, quai de la Marne
94170 Le Perreux

Messieurs,

Suite à notre conversation téléphonique de ce
jour, nous vous confirmons notre requête.

Propriétaires d'un petit pavillon, nous
souhaiterions procéder à quelques travaux
d'agrandissement, et en particulier faire
construire un jardin d'hiver dans le prolonge-
ment de la salle de séjour. Nous souhaiterions
donc convenir d'un rendez-vous afin que vous
puissiez établir un devis.

Dans l'attente de votre réponse, nous vous
adressons nos sincères salutations.

C. Mercier

Sending an estimate

ENTREPRISE CAPRARA
56, rue A. Fourny
73100 Aix-les-Bains
téléphone: 04 79 57 88 76

le 19 mai 1997

Monsieur Villeret
22, passage de la Gare
73100 Aix-les-Bains

Référence: 94 AI 229 ADP

Monsieur,

A la suite de notre rendez-vous du 6 mai
dernier, je vous adresse le devis que vous
m'aviez demandé et qui comporte les diffé-
rents aménagements dont nous avions parlé
pour l'installation de votre piscine.

J'espère qu'il vous conviendra et vous remerciant de votre confiance, je vous prie
d'agréer, Monsieur, l'expression de mes
sentiments dévoués.

Ph. Btt.

Philippe Barrault
Directeur Commercial

To an air-conditioning company: asking for an estimate

MODSTYLE

22 rue d'Alsace – 75010 Paris
tél +33 1 48 99 45 34 – télécopie +33 1 48 99 45 44
société anonyme au capital de 300 000F - R. C. Paris N 57668746

Responsable clientèle
SRGC
Société Régionale de
   Génie Climatique
45 avenue Gallieni
93140 Bondy

Le 14 avril 1997

Monsieur,

Je dirige une petite entreprise de prêt-à-porter, dans
le dixième arrondissement. Soucieux du bien-être de mes
employés, je souhaiterais faire installer un nouveau
système de climatisation dans nos bureaux et ateliers.

Nos locaux sont répartis sur les deux derniers étages
d'un immeuble ancien et s'étendent sur une surface totale
de 300 m2. Votre entreprise m'a été recommandée par l'un
de nos partenaires commerciaux, la société Gallier et
j'espère que vous serez en mesure d'effectuer les
travaux pour nous.

Je vous serais reconnaissant de bien vouloir prendre
contact avec moi et de m'envoyer dès que possible l'un
de vos experts, afin qu'un devis soit établi.

Veuillez agréer, Monsieur, mes salutations distinguées.

Monsieur F. Binet
Directeur général

Sending details of availability of spare parts

Etablissements Renard
Zone Industrielle
38250 Saint-Egrève
Téléphone: 04 76 75 43 21   Télécopie: 04 76 75 88 47

Saint-Egrève, le 23 mai 1997

Madame Annick Deschamps
25, Rue du Lavoir
38740 VINAY

Référence 05-02 VLS

Madame,

En réponse à votre lettre du 16 courant, j'ai le plaisir de vous informer que nous pouvons vous fournir des pièces de rechange pour toutes les grandes marques d'appareils électroménagers fabriqués au cours des quinze dernières années. Nos prix, joints en annexe, sont donnés hors TVA (20,60 %) et port non compris. Si vous décidez de commander, il est impératif que vous nous indiquiez, outre la marque, le nom et le numéro de série de votre appareil.

Dès réception de votre commande, nous ferons le nécessaire pour que les pièces vous parviennent rapidement. Si vous en avez besoin de façon très urgente, nous pouvons vous les faire livrer par coursier (le port étant à votre charge).

Dans l'espoir que ces précisions répondront à votre attente, je vous prie d'agréer, Madame, l'expression de mes sentiments distingués.

Jean-Michel Brun
Directeur Commercial

P.J. tarif des pièces détachées robots ménagers.

Sending details of prices

❦ *Société de location "Jardin et Maison"* ❧

157, route de Genas

69500 Bron

TELEPHONE : 04 78 54 65 77   TELECOPIE : 04 78 54 22 34

Bron, le 15 juin 1997

Monsieur Girardin
Résidence Martinon
27, rue Jules Ferry
69130 Ecully

Monsieur,

Vous trouverez ci-joint nos tarifs de location pour
l'outillage de jardin. Nous attirons votre attention
sur nos tarifs dégressifs en cas de location de longue
durée et sur nos tarifs "fidélité" en cas de location à
intervalles réguliers.

Restant à votre disposition, nous vous prions de
croire, Monsieur, en nos sentiments dévoués.

J.B.Roulet

J.B. Roulet
Service commercial

Asking for a discount

Société SOGEFOP
route de Pierrefeu
83170 Brignoles
téléphone : 04 42 27 86 13
télécopie: 04 42 27 00 01

Brignoles,
le 14 novembre 1997

Confiseries du Port
2, place du Port
13500 Martigues

Messieurs,

Je souhaiterais offrir à tout mon personnel un
assortiment de fruits confits pour Noël. Votre
catalogue propose une présentation en paniers de
150 grammes au prix de 46 F 50 pièce TTC sous la
réf. 18/22. Je souhaiterais pouvoir vous en
commander 1580.

Etant donné l'importance de cette commande, qui
pourrait se renouveler chaque année, je vous demande
une remise de 10%.

Par avance, je vous remercie de votre réponse et vous
prie de croire, Messieurs, en mes sentiments distingués.

Monsieur Robert Ledoux
Président-directeur général

Accepting a discount

Société Levet
128 bis, Grande Rue
76190 Yvetot
téléphone: 02 35 89 27 68
télécopie: 02 35 89 99 99

le 17 février 1997

Garage des Sapins
27, Square des Sapins
33170 Gradignan

Référence RAD 94 35/22

Monsieur,

Nous avons bien reçu votre demande de réduction sur la
commande du 13 janvier dernier, et nous avons le
plaisir de vous faire savoir qu'à titre exceptionnel
nous vous accordons une remise de 2,5 %. Votre facture
est donc ramenée à 1 432 550,50 F.

Veuillez agréer, Monsieur, l'expression de nos salutations distinguées.

R. Dormois
Directeur Commercial

Approach about openings

❀ FABRIQUE ARTISANALE GUYOT ❀
12, avenue du Maréchal Joffre
42000 Saint-Etienne
tél. 04 77 45 09 87

Saint-Etienne, le 28 octobre 1997

Comité d'Entreprise de Mazza S.A.
7, Place de la République
42300 Roanne

Madame, Monsieur,

Nos chocolats, dont la réputation n'est plus à faire,
sont une excellente idée de cadeau pour les fêtes de fin
d'année. Aussi sommes-nous heureux de vous adresser
notre catalogue ainsi que les tarifs préférentiels que
nous accordons aux collectivités pour toute commande
groupée d'un montant minimum de 800 F.

En outre, si nous enregistrons votre commande avant le
18 novembre, nous aurons le plaisir de vous faire bénéficier d'une remise supplémentaire de 3%.

Espérant vous compter parmi nos nouveaux clients, nous
vous adressons, Madame, Monsieur, nos salutations les
plus sincères.

J. M. Charlier
Directeur du Marketing

Follow-up to this approach

❋ FABRIQUE ARTISANALE GUYOT ❋

12, avenue du Maréchal Joffre

42000 Saint-Etienne

tél. 04 77 45 09 87

Le 3 novembre 1997

Madame, Monsieur,

Le 28 octobre dernier, nous vous avons adressé notre catalogue ainsi que les tarifs préférentiels que nous
réservons aux collectivités comme la vôtre à l'approche
des fêtes de fin d'année.

Nous sommes certains que notre offre exceptionnelle a
retenu toute votre attention et que votre commande est
déjà prête. Nous vous rappelons que si elle nous parvient
avant le 18 novembre, vous bénéficierez d'une remise
supplémentaire de 3%. Il n'est pas trop tard!

Nous serons heureux de vous compter parmi nos nouveaux
clients et vous assurons, Madame, Monsieur, de notre
dévouement.

J.M. Charlier
Directeur du Marketing

Acknowledging delivery

S. Kaoun
Société Delauney
83, avenue Charles de Gaulle
92320 Châtillon

                                    Monsieur P. Langlois
                                    SOTEP
                                    76, bd de Strasbourg
                                    77420 Champs

                                    le 12 décembre 1997

Réf: SK/CL57/94/09/231

Monsieur le Directeur,

Suite à ma commande du 23 septembre, j'ai bien reçu
les 30 bureaux Classic 57, et je vous en remercie.

Vous trouverez ci-joint un chèque d'un montant de
10 200 francs à l'ordre de votre société qui constitue
comme prévu le troisième et dernier versement.

Veuillez agréer, Monsieur le Directeur, mes sentiments distingués.

                                    S. Kaoun

P.J.: un chèque bancaire de 10 200 francs

Complaining about delivery: late arrival

M. F. Lorinet
89, impasse des Cordeliers
36100 Issoudun

Société Tout pour l'Eau
92, avenue de Paris
36000 Châteauroux

le 30 mai 1997

Objet: Commande 94/3/5302/127/VG

Monsieur,

Voilà plus de deux mois que j'attends la baignoire
réf. 5302 couleur vert d'eau que je vous ai
commandée le 15 mars dernier. Vous m'aviez
assuré lors de la commande qu'elle me serait
livrée sous trois semaines.

Je vous serais reconnaissant de me faire
savoir dans les délais les plus brefs la date
exacte où cet article me sera livré, faute
de quoi je me verrai contraint d'annuler ma
commande.

Dans l'attente de vous lire, je vous prie de
croire, Monsieur, à mes sentiments distingués.

F. Lorinet

Complaining about delivery: wrong goods

<u>*"La Maison du Sous-Vêtement"*</u>

15, rue Magenta
42000 Saint-Etienne
Tél.: 04 77 42 17 82

Le 12 septembre 1997

USINES LOIRETEXTILE
Confection - Vente en gros
Z.I. des Epis
42319 Roanne CEDEX

Référence commande n° 94/08/30-ZDX

Messieurs,

J'ai bien reçu votre livraison, mais je me vois dans
l'obligation de vous retourner le colis, les tailles
des articles ne correspondant pas à celles indiquées
sur le bon de commande.

Je vous saurais gré de bien vouloir corriger votre
erreur et de me faire parvenir les articles conformes à
ma commande dans les plus brefs délais.

Veuillez agréer, Messieurs, l'expression de ma considération distinguée.

A. Hébert
Gérant

Answering a complaint about delivery of wrong goods

LA PORTE ROUGE V.P.C.
Chemin des Dames
59339 TOURCOING CEDEX
tél: 03 27 98 47 75   fax: 03 27 98 51 52

le 15 mai 1997

Madame Guillot
2, place de l'Eglise
38250 CORRENCON-EN-VERCORS

Réf.: Cmde 94/fil/289

Chère cliente,

Nous avons bien reçu votre courrier du 13 mai dernier nous signalant que la livraison faite par nos services n'était pas conforme à votre commande.

En effet, la couette 240 x 220 réf. 727.372 n'étant plus disponible, nous avons pensé vous être agréable en vous adressant un article de qualité supérieure que nous vous offrons au même prix que celui que vous aviez commandé. Si toutefois vous ne souhaitez pas profiter de cette occasion exception- nelle, vous pouvez nous retourner cet article en port dû et nous vous le rembourserons.

Nous vous prions de croire, chère cliente, en nos sentiments dévoués.

M. Constantin
Directeur des Ventes

Disputing an invoice: already paid

le 19 décembre 1997

B. Conrad
Le Manoir aux Emaux
17108 Saintes

        Meubles Le Vieux Rustique
        Zone artisanale des Fougères
        D 939
        17030 La Rochelle

Monsieur,

Par lettre du 18 décembre, vous me demandez
de régler votre facture n° 721 de 47921,37
francs du 11 septembre concernant la livraison de meubles divers. Or cette facture a
déjà été payée, par mandat postal daté du
7 octobre. Je vous la renvoie donc, en vous
demandant de bien vouloir vérifier vos
comptes.

Veuillez agréer, Monsieur, l'expression de
mes salutations distinguées.

B.Conrad

                  B.Conrad

P.J.: votre facture

Answering complaint about invoice: already paid

IMPRIMERIE VITFAIT
Route de Chartreuse
38500 VOIRON
Téléphone : 04 76 05 98 71

Le 18 septembre 1997

Mademoiselle Estelle Dutreuil
8, boulevard Joseph Vallier
38000 Grenoble

Objet: commande n° 94/08/21

Mademoiselle,

Nous accusons réception de votre courrier du 12 septembre dernier concernant la facture de la commande ci-dessus. Cette facture vous a en effet été adressée en double exemplaire, ce dont nous vous prions de bien vouloir nous excuser. L'erreur est due au système informatique récemment mis en place et encore mal rodé.

Nous vous remercions de ne pas tenir compte de cette relance et vous prions d'agréer, Mademoiselle, l'expression de nos sentiments distingués.

Louis Moulin
Responsable du Service Comptable

Disputing an invoice: too high

"Les Amis de la Spatule"
Association à but non lucratif Loi 1901
Téléphone 05 61 60 62 33

Le 15 septembre 1997

Raoul Blanchard
Trésorier de l'Association
11, rue Juliette Lamber
24000 Périgueux

"LA MERE LEGRAS"
Hôtel Restaurant
6, rue Ampère
24200 Sarlat

Madame,

Je reçois votre facture n° 97/08/31/XYZ86 correspondant au banquet des Anciens de la Spatule du 31
août dernier et je me permets d'en contester le montant.

Nous étions convenus d'un prix d'environ 250 F par
personne pour le repas, apéritifs et digestifs
compris. Or votre facture fait apparaître un prix
de 295 F par personne, ce qui ramène le prix du café
(qui était en sus) à 45 F !

Pensant qu'il s'agit d'une erreur, je vous demanderais de bien vouloir rectifier cette facture en
conséquence, et vous prie d'agréer, Madame, l'expression de mes sentiments distingués.

R. Blanchard

R. Blanchard

Answering complaint about an invoice: too high

DUROUCHOUX SARL
BP 52
95300 Pontoise
téléphone: 01 33 87 29 86

Pontoise, le 11 août 1997

Monsieur Pierre Delpuech
28, Allée du Bois
77300 Fontainebleau

Objet: commande n° 94 EMB 127

Monsieur,

En réponse à votre courrier du 22 juillet 97, nous vous prions
de bien vouloir ne pas tenir compte de la facture 94/999/888
qui comporte une erreur en votre défaveur.

Vous trouverez ci-joint une facture, réf. 94/888/999, qui
correspond à votre commande.

Avec toutes nos excuses, recevez, Monsieur, nos salutations
distinguées.

P. Boulier
Le Responsable du Service
Comptabilité

Sending a cheque in payment

Monsieur Linet
Le Verger
14 ter, Chemin des Mouilles
47000 Agen
téléphone: 05 58 57 39 47

                              Monsieur Chartier
                              Pépiniériste
                              12, rue de la Plage
                              34200 Sète

                              Agen, le 25 février 1997

Référence: 1997-23

Monsieur,

En règlement de votre facture 129-GTX-47 du 24
février, veuillez trouver ci-joint un chèque bancaire n° 9 543 395 d'un montant de 1257,75 F.

Vous en souhaitant bonne réception, je vous prie
d'agréer, Monsieur, l'expression de mes sentiments
distingués.

                              C. Linet

P.J.: 1 chèque de la Banque Populaire d'Agen et du
Sud-Ouest

Acknowledging payment received

```
ROBINETTERIE Durand
7, rue Pierre Gaultier
57050 METZ
TELEPHONE: 03 89 57 13 24
```

Le 23 juillet 1997

Monsieur Dechaux
21, route du Lac
73100 AIX-LES-BAINS

Commande n° 12 H 889

Monsieur,

Par la présente, nous accusons réception du paiement
de la facture 78900HOC par chèque postal n° 0025863 du
18 juillet 1997 d'un montant de 172,89 F.

Vous remerciant pour votre règlement, nous vous prions
d'agréer, Monsieur, l'expression de nos sentiments
distingués.

Le Service Comptabilité

Wrong payment received

GARAGE SIMOUN

Place du Champ de Foire
91150 ETAMPES
téléphone: 01 60.14.91.49

Etampes, le 24 octobre 1997

Monsieur Dupuis
25 ter, avenue du Stade
14000 CAEN

Réf. facture 560/94/08/25789

Monsieur,

Nous avons bien reçu votre chèque bancaire n° 8
2563 114 du 19 octobre 1997 d'un montant de 1500 F.

Le montant total de la facture qui vous a été
adressée étant de 1957,18 F, vous nous êtes rede-
vable de la somme de 457,18 F que nous vous remercions par avance de bien vouloir nous régler dans
les plus brefs délais.

Veuillez agréer, Monsieur, l'expression de nos
sentiments distingués.

B. Fournier
Gérant

Reminder of an outstanding invoice

ENTREPRISE DE BATIMENT MAZZA
289, route Nationale
35000 Châteauroux
Tél.: 03 85 04 92 78

le 18 juillet 1997

Monsieur Jean-Louis Jacquet
3, Place Albert Camus
36100 Issoudun

Facture n° 94/126B72 du 22 avril 97

Monsieur,

Nous vous rappelons que notre facture n° 94/126B72 du 22 avril 97 dont le paiement était prévu au deuxième trimestre 97 reste impayée à ce jour.

Nous vous remercions par avance de bien vouloir régulariser votre situation dans les plus brefs délais et vous prions d'agréer, Monsieur, l'expression de nos salutations distinguées.

Luc Bayard
Agent Comptable

Enquiring about reproduction rights and costs

```
Julie Collins
Service des reproductions
Sandford Publishing Co.
Dalton Street
Wantage OX12 6DP
Grande-Bretagne

                          Service des Archives du Film
                          Centre National de la
                             Cinématographie


                    Le 13 février 1997


Madame, Monsieur,

Dans le cadre du centenaire du cinéma, Sandford
Publishing Co s'apprête à publier un ouvrage sur le
cinéma européen des origines à nos jours. Les auteurs
souhaitant insérer dans le corps du texte un certain
nombres de clichés appartenant à vos archives, je vous
serais très reconnaissante de bien vouloir me faire
parvenir une documentation sur les modalités et les
coûts de reproduction.
Veuillez agréer, Madame, Monsieur, l'expression de ma
considération distinguée.

                          Julie Collins

                          Julie Collins
                          Responsable
                          Service des reproductions
```

Sending an invoice

Simon Gillon
6 Leckford Road
London SW11 7YU
0171-455 45 78

                    Université de la Sorbonne
                    Paris IV

                    Le 27 novembre 1997

Note d'honoraires

Objet: notre contrat réf. 97 447 66 en date du
10 octobre 1997.

Dans le cadre du colloque "Art et Mythologie":

- conférence intitulée : 'L'héritage
mythologique chez Nicolas Poussin'(16/11)
                              1 300 francs

- frais de déplacement et d'hébergement, for-
fait

                    1 100 francs

                Total   2 400 francs

Avec mes remerciements,

                    S Gillon (signature)

                    S Gillon

Fax: business

L.C. INFORMATIQUE
12, RUE CLAUDE BERNARD
86000 POITIERS
N° de téléphone: 05 49 41 54 67
N° de télécopie: 05 49 41 22 82

TRANSMISSION PAR TELECOPIE

Date: 12 août 1997

Veuillez remettre ce document à : Jean Briant

Numéro de télécopie : 19 44 1705 82 31 54

De la part de : Stéphanie Langlois

Nombre de pages (y compris cette page) : 1

Message : Prière de me faire parvenir de toute
urgence, par Chronopost si possible, l'original de
vos billets d'avion et de train pour que je puisse
procéder à votre remboursement.

J'aurai aussi besoin de vos notes d'hôtel et de
restaurant, mais c'est moins urgent.

Merci, et amitiés,

Langlois

S. Langlois

**Si vous ne recevez pas ce document au complet, veuillez nous en aviser le
plus rapidement possible par téléphone ou télécopie.**

Fax: personal

De la part de: Guy Planais
Allée des Colibris
85110 Chantonnay
Télécopie: 02 51 72 27 32
Téléphone: 02 51 22 37 91

A l'attention de: Jane Mella
896 Career Street
Ottawa K1N 6N5
Canada

Le 11 juin 1997

Chère Jane,

URGENT: J'aurais besoin des coordonnées de
Sun-Yun-Lee à Hong Kong. Je n'arrive pas à
les retrouver. Ce serait gentil si tu pou-
vais me refaxer dans la journée. Merci, et
à bientôt.

Agenda of meeting

Vous êtes priés d'assister ou de vous faire
représenter à

*L'ASSEMBLEE GENERALE ORDINAIRE DES COPROPRIETAIRES
DE LA RESIDENCE DES ACACIAS*

qui aura lieu le

24 septembre 1997
à 20 heures précises

Salle de Réunion du Sous-Sol

sur l'ordre du jour suivant:

1° Remplacement de la porte principale du garage.
Comparaison des divers devis proposés.

2° Installation de compteurs d'eau froide indivi-
duels.

3° Aménagement d'un terrain de jeu pour les
enfants.
Examen des emplacements possibles.

4° Question du tapage nocturne.

5° Demande de M. Chauffour d'installer une antenne
panoramique sur son balcon (11ème étage).

6° Questions diverses.

G. Malet

Le Syndic

Circular about conference

ECOLE SUPERIEURE DES INTERPRETES ET TRADUCTEURS DE LA VILLE DE GRENOBLE

Colloque international

"La technologie au service du traducteur"

du 17 au 19 septembre 1997

Sous le haut patronage de la Ville de Grenoble et de la Région Rhône-Alpes

Avec la collaboration des sociétés FOGEP et MERLIN et de la Banque Industrielle de l'Isère

Centre International des Colloques
Cité Internationale
Grenoble, France

Programme provisoire
[...]

Comité scientifique
[...]

Comité d'organisation
[...]

Langues de travail : anglais et français

Appel à communications

Les personnes qui désirent présenter une communication sont priées de faire parvenir pour le 13 juin au plus tard à l'adresse ci-dessous un résumé (maximum deux pages format A4, interligne 1,5) à l'attention de M. René-Pierre Longjumeau, Coordonnateur du Comité Scientifique du colloque.

Pour tout renseignement, contacter le Secrétariat du Colloque "La Technologie au Service du Traducteur", 86 rue Pasteur, 38365 Grenoble Cedex 01. Tél.: 04 76 69 22 41; Télécopie: 04 76 69 51 47; E-mail: ronal@cism.univ-greno2.fr.

Minutes of meeting

CHORALE MUNICIPALE
Association à but non lucratif - Loi 1901
2, route des Luthiers
88000 Epinal
Téléphone : 03 29 65 87 87

COMPTE-RENDU DE LA REUNION DE RENTREE DU CONSEIL

D'ADMINISTRATION

du 25 septembre 1997

Présents: Lucie Bauland, Chantal Berne, Charles Brivet, Pierre Masson, Daniel Perret, Sylvie Popelin, Cécile Thibaut, Phillippe Toupin, Valérie Quatrain.

Excusés: *Mlle Anne Rouet (Procuration à Mme Chantal Berne)*, M. Pierre Dupuis.

Absente: Mlle Valérie Gorge.

Le quorum étant atteint, la séance est ouverte à 20 h par le Président Perret et se déroule selon l'ordre du jour prévu et distribué aux membres du conseil.

1° Approbation du procès-verbal de la réunion du 21 mars 1997
Unanimité, moins une voix (Mlle Popelin).

2° Recrutements
Le Président présente les deux nouvelles recrues: une soprano, Mlle Giuseppina FURNO et un ténor, M. Jean LEGRESLE.

3° Bilan de la tournée d'été
Le Président fait le point sur la tournée d'été qui s'est déroulée en Alsace du 28 juillet au 8 août. M. Brivet pose le problème du choix du répertoire.

4° Programme de la saison 1997/1998
Conformément aux souhaits de la majorité des choristes, le programme proposé pour 1997/1998 portera exclusivement sur la musique du XVIe siècle. La proposition soumise au vote à main levée est adoptée à l'unanimité moins une voix.

5° Budget
Le Trésorier prend la parole pour présenter les comptes de la saison qui s'achève. Après un long débat, le budget est adopté à l'unanimité.

6° Elections au Bureau
Le mandat de certains membres du Bureau venant à expiration, il est procédé à des élections. Sont candidats: Mme BAULAND pour la Vice-Présidence et M. BRIVET pour le Secrétariat.
Les résultats du vote sont les suivants:
Mme BAULAND: 11 voix pour, 1 voix contre, 1 abstention ;
M. BRIVET: 9 voix pour, 4 abstentions.
Les deux candidats sont élus.
Aucun candidat n'ayant postulé pour le siège de Trésorier, le mandat du Trésorier est reconduit.

7° Questions diverses
Il est rappelé que les choristes ne doivent pas se garer sur le trottoir car ils gênent l'entrée principale de l'immeuble.
Suite à une intervention de Mlle Popelin, le Président rappelle que chacun doit avoir une présentation impeccable pour les concerts.

L'ordre du jour étant épuisé, la séance est levée à 22 h 30.

Letter announcing an academic conference

HEIDER Sarah Delores

née le 27/09/52

Nationalité américaine

Adresse

1123 Cedar Avenue
Evanston
Illinois 60989
Etats-Unis

Formation

PhD (Doctorat) en Littérature (La Poétique de Shakespeare et sa vision de la femme) soutenu en 1983 à Northwestern University, Evanston, Illinois.

Maîtrise de Littérature anglaise et américaine obtenue en 1977 à l'Université de Pennsylvanie, Philadelphie.

Licence d'Anglais de l'Université de Californie, Berkeley.

Expérience professionnelle

Depuis 1992	Professeur associée, Département d'anglais, Northwestern University.
1988 - 1992	Professeur assistante, spécialiste de la Renaissance, Département d'anglais, Northwestern University.
1983 - 1987	Professeur assistante, Département d'anglais, Université de Pennsylvanie, Philadelphie.
1980 - 1983	Attachée de recherche sous la direction du Professeur O'Leary (Féminisme et Poétique de Shakespeare), Northwestern University.
1979 - 1980	Attachée de recherche, Département d'études féministes, Northwestern University.
1977 - 1979	Assistante, spécialiste du théâtre de la Renaissance anglaise, Northwestern University.

Distinctions

Bourse de Recherche Wallenheimer en 1992 - 1993.

Poste de recherche doctorale Milton Wade en 1979 - 1980.

Bourse d'études de la Fondation Pankhurst/Amersham en 1977 - 1979.

Travaux de recherche et publications

Voir liste ci-jointe.

Divers

Présidente de la Commission "Renaissance Minds" (étude de l'idéologie de la période de la Renaissance anglaise).

CV: American academic

HEIDER Sarah Delores

née le 27/09/52

Nationalité américaine

Adresse

1123 Cedar Avenue
Evanston
Illinois 60989
Etats-Unis

Formation

PhD (Doctorat) en Littérature (La Poétique de Shakespeare et sa vision de la femme) soutenu en 1983 à Northwestern University, Evanston, Illinois.

Maîtrise de Littérature anglaise et américaine obtenue en 1977 à l'Université de Pennsylvanie, Philadelphie.

Licence d'Anglais de l'Université de Californie, Berkeley.

Expérience professionnelle

Depuis 1992	Professeur associée, Département d'anglais, Northwestern University.
1988 - 1992	Professeur assistante, spécialiste de la Renaissance, Département d'anglais, Northwestern University.
1983 - 1987	Professeur assistante, Département d'anglais, Université de Pennsylvanie, Philadelphie.
1980 - 1983	Attachée de recherche sous la direction du Professeur O'Leary (Féminisme et Poétique de Shakespeare), Northwestern University.
1979 - 1980	Attachée de recherche, Département d'études féministes, Northwestern University.
1977 - 1979	Assistante, spécialiste du théâtre de la Renaissance anglaise, Northwestern University.

Distinctions

Bourse de Recherche Wallenheimer en 1992 - 1993.

Poste de recherche doctorale Milton Wade en 1979 - 1980.

Bourse d'études de la Fondation Pankhurst/Amersham en 1977 - 1979.

Travaux de recherche et publications

Voir liste ci-jointe.

Divers

Présidente de la Commission "Renaissance Minds" (étude de l'idéologie de la période de la Renaissance anglaise).

Membre de l'UPCEO (Commission inter-universitaire pour la défense des droits de la femme) depuis 1984.

Conseillère auprès des éditions Virago à Londres (collection des études sur la Renaissance) en 1989 - 1990.

Conseillère auprès des éditions Pandora, New York, en 1987.

CV: French academic

Jacques Tessier
Spécialiste de Biologie Végétale
Docteur d'Etat

Né le 30 octobre 1943

Marié, deux enfants de 7 et 3 ans.

Adresse: 12, cours Fauriel, 42000 Saint-Etienne

Téléphone: +33 4 77 24 37 12

Fax: (Université): +33 4 77 19 67 23

E-mail: phyveg@ismu.univ-stet.fr

Thèse d'état soutenue en Octobre 1985 devant l'Université de Paris XII:
"Effets comparés des rayonnements Ω et r sur la croissance de *Calluna vulgaris* et *Erica vagans*"
sous la direction de Jean-Pierre Chenu, Professeur de Biologie végétale à l'Université Paris XII. Mention : Très Honorable à l'unanimité du jury.

EXPERIENCE PROFESSIONNELLE

Depuis 1986 Maître de Conférences de Biologie Végétale à l'Université de Saint-Etienne.

1979 - 1986 Maître-assistant de Biologie Végétale à l'Université de Brest.

1978 - 1979 Détaché à l'Université de Georgetown, U.S.A., chargé d'un projet d'étude sur le comportement des plantes dicotylédones en apesanteur pour la NASA.

1973 - 1978 Assistant de Biologie Végétale à l'Université de Caen.

1971 - 1973 Professeur agrégé de Sciences Naturelles au Lycée d'Etat de Dunkerque.

RECHERCHE ET PUBLICATIONS

Trois livres et vingt-sept articles publiés à ce jour (voir liste ci-jointe).

Principaux domaines de recherche : la croissance des plantes en fonction des conditions de lumière et d'humidité, avec un intérêt particulier pour les graminées.

CV: French school-leaver

Catherine Belin
18, avenue Edouard Herriot
01000 Bourg-en-Bresse
Tél.: 04 74 50 09 13

Nationalité française

Née le 28 mai 1979 à Vienne, Isère

FORMATION ET DIPLOMES

1990 - 1994
Collège d'enseignement général Frison-Roche, Vizille, Isère.

1994 - 1997
Lycée Carriat, Bourg-en-Bresse.
Baccalauréat L, mention assez bien, obtenu en juillet 1997.

EXPERIENCE PROFESSIONNELLE

Caissière à l'hypermarché de Bourg-en-Bresse, juillet 1996.

Agent de bureau intérimaire à la Sécurité Sociale, caisse de Lons-le-Saunier, août 1996 et juillet-août 1997.

Grande expérience de garde d'enfants.

Cours particuliers de français et d'allemand de la Sixième à la Troisième.

DIVERS

Bon niveau en dactylographie (40 mots/minute environ).

Allemand courant (lu, parlé et écrit). Nombreux séjours courts en Allemagne.

Pratique du badminton et du ski de fond.

CV: English graduate

GRANTLEY Paul Alan

Adresse:
26 Countisbury Drive
BRIGHTON BN3 1RG
Grande-Bretagne
Tél.: 01273 53 49 50

Né le 22 mai 1974`
Célibataire
Nationalité britannique

FORMATION

1993 - 1996

King's College, Londres: B.Sc. (Licence) en Biochimie
(2.1. = mention bien)

1992

A Levels (Deuxième partie du Baccalauréat) options: Biologie,
Chimie, Physique et Mathématiques.

1990

O Levels (Première partie du Baccalauréat) options :

Mathématiques, Physique, Biologie, Chimie, Commerce, Anglais,
Allemand et Sociologie.

1985 - 1992

Brighton College Boys' School (Lycée)

EXPERIENCE PROFESSIONNELLE

Mars 1994

une semaine comme "double" du Directeur Adjoint du Marketing chez
EAA Technology (Sources d'énergie écologiques) à Didcot près
d'Oxford.

Juillet 1993

deux semaines chez Alford & Wilston Ltd (Produits chimiques),
Warley, Midlands de l'Ouest.

CENTRES D'INTERET

Au Lycée

Capitaine de l'équipe de rugby pendant deux ans.
Membre du club d'échecs.

A l'Université

Membre de l'équipe de rugby.
Organisateur de la Semaine de Charité (1994).
Délégué aux activités sportives dans l'association des étudiants.

DIVERS

Bonne connaissance de l'outil informatique, en particulier sur
Macintosh.
Permis de conduire.
Intérêt pour les voyages : tour du monde en 1992-93, entre le Lycée
et l'Université.

CV: French junior executive

```
                        Ingénieur informaticien


Hervé Maurier

né le 14 mars 1966 à Lons-le-Saunier
marié, sans enfants

25, rue Paul Doumer
54000 Nancy
Téléphone: 03 82 27 61 12

Expérience professionnelle

Depuis septembre  Ingénieur chez SEIM Nancy, responsable de
1991              projet depuis janvier 1993, chargé de la
                  conception des systèmes informatiques de
                  l'E.D.F.

1989 - 1991       Ingénieur chez LID Informatique, Lunéville,
                  emploi de cadre technico-commercial.

1988              Stage de trois mois chez Alsthom Nancy.

1987              Stage de deux mois chez Rhône-Poulenc,
                  Strasbourg.


Formation

juin 1988         Diplôme d'Ingénieur.

1984 - 1988       Ecole Nationale de Chimie et Physique
                  Industrielle de Metz, section Informatique.

1984              Baccalauréat série C à Lons-le-Saunier,
                  Mention assez bien.


Divers

Président de l'antenne nancéenne des "Restos du cœur".

Anglais parlé courant : nombreux séjours de vacances aux
Etats-Unis.

Pratique assidue de la spéléologie et du parapente.
```

CV: Male English senior executive

Robert Charlton STEVENSON

21 Liston Road
Clapham Old Town
LONDON SW4 0DF
Royaume-Uni

Téléphone et télécopie: 44 171 622 2467

Nationalité britannique

Né le 27 juin 1954

FORMATION ET DIPLOMES

1980	Maîtrise de Gestion (avec mention) à l'Armour Business School, Boston, Etats-Unis.
1978 - 1980	Deux années aux Etats-Unis.
1976	BSc (Licence) de Mécanique à l'Université du Dorset, Willingdon, Royaume-Uni.
1973 - 1976	Université du Dorset, Willingdon, Royaume-Uni.
1973	A level (Baccalauréat)

EXPERIENCE PROFESSIONNELLE

1992 - 1997	Directeur adjoint de Jermyn-Sawyers International, Londres.
1987 - 1992	Directeur pour l'Asie, Société Pharmaceutique Peterson, Hong Kong
1983 - 1987	Directeur, Kerry-Masterton Management Consultants (consultants en gestion des entreprises), Bonn.
1980 - 1983	Consultant, Kerry-Masterton Management Consultants, Londres.
1976 - 1978	Stagiaire en gestion des entreprises, Jamieson Matthews Ltd, Crawley, Sussex.

DIVERS

Bilingue anglais-français.

Brevet de pilote amateur.

Loisirs: ski, ski nautique, parapente, voile.

CV: Female English middle-manager

```
HUNT Mary Phyllis

16 Victoria Road
Brixton
LONDRES SW7 5HU
Tél.: 44 171 467 79 68

Nationalité britannique

Née le 11 mars 1963
```

EXPERIENCE PROFESSIONNELLE

Depuis 1992
Sous-Directrice, Retail Outlets Division (Département des Ventes au Détail), Delicatessen International, Londres.

1991 - 1992
Acheteuse adjointe, Delicatessen International, Paris

1989 - 1991
Directrice adjointe, Sainsway Foodstores plc, Faversham, Kent.

1987 - 1989
Formation de Directeur, Sainsway Foodstores plc (Grand magasin d'alimentation), Londres.

FORMATION ET DIPLOMES

1985 - 1986
Ecole de Commerce de l'Université d'Essex: Diplôme de Troisième Cycle en Commerce-Gestion et Allemand.

1981 - 1983 et 1984 - 1985
London School of Economics (Grande Ecole de Sciences Economiques de Londres), Département Commerce: BSc (Licence)
First Class Honours (distinction réservée aux meilleurs étudiants) en Commerce et Economie.

1983 - 1984
Séjour d'une année à Bonn, Allemagne: étude de l'allemand économique en cours du soir. Divers emplois de bureau en tant qu'intérimaire.

1974 - 1981
Grammar School for Girls (Lycée de jeunes filles) : 7 disciplines pour la première partie du Baccalauréat (O levels),et 4 pour la deuxième partie (A levels): Mathématiques, Histoire, Economie et Allemand

4 French advertisements

House/Apartment Sales

Immobilier

Ventes

VDS mais. F4, 3 ch., 100 m²
env., 2 sdb, cuis. équip.,
gar., terr. clos, Exclus. Anse
Immobilier 04 74 77 01 13

Urgt cède cse mutation F3 tt
cft, t. b. état, ch. c. gaz indiv.,
ds résid. stand., prest.
lux., px à déb., libre imméd.
Tél.HR 04 72 88 63 29

Part. vd F2 + mezz. ds mais.
mitoyenne, c.c. indiv. fuel,
gar., jard. privat., quart.
calme, 800 000F ferme, libre
1/7/97. Tél. 01 45 27 33 11

---

100 km nrd Lyon, autoroute
Tournus, mais. bressanne,
à rénov., 6 p., 350 m²
habitables, dépendances,
pré attenant 3500 m²
convient pour chevaux, px
300 000 F. S'adres.
P.LALOY, not. à Paris
01 45 05 79 88

Sologne, belle propriété
XVᵉ, cachet, 50 ha, étgs,
bois, poss. chasse, dépend.,
mais. gard., excel. ét., px
intér. Écrire Maisons de
France, 18 bd du Roi, 78000
Versailles

Prox. plage, vds Sanary,
villa 3/4 pers., 1 ch. + mezz.,
kitch. équip., ll, lv, park. et
jard. privat. 28 U Écr. jrnl
réf. 97zx007

A saisir, Villars les Dombes,
except. terr. arb., hors
lotissement, constructible,
1000m², calme, prox. golf.
04 74 83 65 12

Feyzin le Haut, près église,
suite incendie, à vdre,
épave mais. bourgeoise,
400 m² sur 6600 m² terr. av.
arbres, px 595 000F,
T 04 78 15 62 03

à rénov. (à rénover) needs modernization
à vdre (à vendre) for sale
c.c. (chauffage central) central heating (Note: also stands for charges comprises. See under Locations.)
ch. (chambre) bedroom
ch. c. (chauffage central) central heating
cse mutation (pour cause de mutation) because of job transfer
cuis. équip. (cuisine équipée) fully fitted kitchen
dépend. (dépendances) outbuildings
ds (dans) in
écr. (écrire à) write to
env. (environ) about
étgs (étangs) ponds
excel. ét. (excellent état) (in) excellent condition
except. (exceptionnel) exceptional
exclus. (exclusivité) sole agents
F4 (appartement quatre pièces) 3-bedroom flat
gar. (garage) garage
ha (hectare) hectare
HR (heures des repas) (at) meal times (between 12 and 2 or between 7 and 9 p.m.)
imméd. (immédiatement) (available) immediately
indiv. (individuel) individual
jard. privat. (jardin privatif) own garden
jrnl (journal) newspaper
kitch. équip. (kitchenette équipée) fully fitted kitchenette
ll (lave-linge) washing machine
lv (lave-vaisselle) dishwasher
m² (mètres carrés) square metres
mais. (maison) house
mais. gard. (maison de gardien) caretaker's house

mezz. (mezzanine) mezzanine floor
not. (notaire) notary (lawyer involved in all French property transfers)
nrd (nord) north
p. (pièce) room
p (pour) for
park. (parking) parking space
part. (particulier) private individual (i.e. not an agency)
pers. (personnes) people
poss. chasse (possibilité de chasser) hunting possible
prest. lux. (prestations luxueuses) luxuriously appointed
prox. (à proximité de) close to
px à déb. (prix à débattre) price to be discussed
px intér. (prix intéressant) attractive (i.e. low) price
quart. (quartier) neighbourhood
réf. (référence) reference (number)
résid. (résidence) apartment complex
s'adres. (s'adresser à) contact
sdb (salle de bains) bathroom
stand. (de bon standing) desirable
t. b. état (très bon état) (in) excellent condition
terr. arb. (terrain arboré) wooded land
terr. av. arb. (terrain avec arbres) wooded land
terr. clos (terrain clos) fenced plot
tt cft (tout confort) all mod cons
U (unités) units (1 unit = 10,000 francs)
urgt (urgent) urgent(ly)
vds/vd (vends) (I am) selling, for sale
XVᵉ (quinzième siècle) 15th century

House/Apartment/Room Lets

Locations

Centr. ville Annecy, loue mais. bourg., 8 p., récept. 45 m2, gar., cave, jard. 300 m2, ch.c. fuel, quartier résid., 13 500F/mens. cc, LARAGENCE 05 56 32 48 79

Part. à part. ag. s'abst., loue F3, 2ch., sdb, ds immeuble centre Villeurbanne, esp. verts, cave, b. état, 2 500F CC, 04 78 92 13 22 p. 249 hor. bur.

Part. loue ch. meublée pour étudiant, 18 m2 dans tb villa quartier univ., calme, av. douche, poss. cuis., prise tél. et TV, entrée séparée, lib. 27 sept., loyer 1 800F cc, tél : 04 78 49 26 76

A LOUER Hte Loire, rég. Chambon sur Lignon, mais. indiv. isolée, terr. expo. Sud, tt conft, 7 pers maxi., juin juillet septembre, mois, sem., quinz. TEL HR 04 71 59 29 33

URG Dir. de Sté rech. appart. F3 à louer, env. Saverne, cuis. équip., balc., park., maxi. 3 500F/mois cc, tél. 03 85 34 37 29

Cadre sup. Sophia Antipolis ch. loc. à l'année, mais. camp. proche Nice, 4/5 pers., calme, esp. verts, même modeste. Tél 04 67 72 63 95

---

ag. s'abst. (agences s'abstenir) no agencies (i.e. only private individuals should apply)
appart. (appartement) apartment, flat
av. (avec) with
b. état (bon état) good condition
balc. (balcon) balcony
cadre sup. (cadre supérieur) executive
cc, CC (charges comprises) service charges included (in the rent)
centr. ville (centre ville) city centre
ch. (chambre) bedroom
ch.c. (chauffage central) central heating
ch. loc. (cherche une location) seeks rented accommodation
cuis. équip. (cuisine équipée) fully fitted kitchen
Dir. de Sté (directeur de société) company director
ds (dans) in
env. (aux environs de) in the area of, close to
esp. verts (espaces verts) green space (e.g. gardens, parkland)
expo. sud (exposé au sud) south facing
F 3 (trois pièces principales) 2-bedroom apartment
gar. (garage) garage
hor. bur. (horaires de bureau) office hours (between 8 and 12 or between 2 and 5)
HR (heures des repas) meal times (between 12 and 2 or between 7 and 9 p.m.)
Hte Loire (département de la Haute-Loire) the department (administrative district) of the Haute-Loire
jard. (jardin) garden

lib. (libre) free (from a certain date)
m² (mètres carrés) square metres
mais. bourg. (maison bourgeoise) substantial family house (also conveys idea of 'comfortable')
mais. camp. (maison de campagne) house in the country
mais. indiv. (maison individuelle) detached house
maxi (maximum) maximum
mens. (mensuels) per month
p. (pièce) room
p. 249 (poste 249) extension 249
park. (parking) parking space
part. à part (particulier à particulier) private let
pers. (personnes) people
poss. cuis. (possibilité de faire la cuisine) cooking facilities
quartier résid. (quartier résidentiel) residential area
quartier univ. (quartier universitaire) university area
quinz. (quinzaine) fortnight(ly)
récept. (réception) reception room, living room
rech. (recherche) is seeking
rég. (région) region
sdb (salle de bains) bathroom
sem. (semaine) week(ly)
tb (très beau/belle) delightful
tél. (téléphone) telephone
terr. (terrain) garden or land or plot
tt conft (tout confort) all mod cons
URG (urgent) urgent(ly)

House/Apartment Holiday Exchanges/Vehicle Sales

Échanges vacances

Échange maison ds village Landes, 4/5 pers, sdb, cuis. équip., petit jard., avec maison ou appartement Alpes sud même caract. p. 3 sem. à part du 3 juin 1997.
Tél 01 45 20 16 38

VACANCES: éch t b maison Haute-Provence (20 min. Draguignan), 6 pers., contre maison standing équiv. Sussex pour août 1997. Poss. éch. voit.
Tél. 01 43 54 09 53

Échange luxueux appt Paris Avenue Foch, 2ch, 2sdb, terrasse ombragée, tv câble, a/c, parking, contre appt similaire centre Londres pour avril mai juin 1998.
Tél. 01 45 27 98 12

Éch. bglw tt cft, 4/5 pers, PALAVAS LES FLOTS, contre logt équiv. Bret. sud, 14 juil/15 août. T. HR
02 98 72 41 68

La Ciotat, échange carav. Caravelair 4 pers. empl. ombragé ds camping 3 étoiles, prox. mer, centre com., animations, prise TV, contre standg ident. montagne ou camp. 1ère quinz. juil. Envoy. photo, descript. et propositions au jrnl, réf. EC 182

Vente de véhicules, deux-roues, bateaux

VDS Ford Scorpio
11 cv, gris métal., août 94, ttes opts, int. cuir, TBE, 49 000 kms, sous argus, tél. dom. ap. 19 h 03 85 66 24 87

A vdre camping-car Ford ess., ann. 92, 3/4 pers., 120 000 kms, mot. ref. nf, intér. parf. ét., px à déb.
Tél. b.05 57 92 13 74

VW Fourg. Diesel
95, DA, ouv s/le côté, 40 000 kms, première main, CENTRAL AUTO St Priest
04 78 21 80 52

Part. vd
Suzuki Dk 650
05/94, 1re m., 5 200 km, accessoires. Tél.
04 72 84 99 87. h.b.

Vélo femme, Peugeot 1/2 course, 10 vitesses, 2 plat., vert métal., t.b.ét., occas. à saisir, 1 500F 01 42 51 36 10
Mme Millard

Vds dériveur 505, coque alu., voiles terg., av. remorque. A voir Port Leucate les w.e. Prendre r.v.
04 67 37 90 21

1ère m. (première main) only one owner
à vdre (à vendre) for sale
alu. (aluminium) aluminium
ann. 92 (année 92) year (of manufacture) 1992
ap. (après) after
av. (avec) with
cv (chevaux) horsepower
D.A. (direction assistée) power steering
ess. (à essence) petrol engine
fourg. (fourgonnette) small van
h.b. (heures de bureau) (in) office hours (i.e. between 8 and 12 or between 2 and 5)
int.cuir. (intérieur en cuir) leather upholstery
métal. (métallisé) metallic
mot. (moteur) engine
occas. (occasion) bargain
ouv. s/le côté (ouvrant sur le côté) side door
parf. ét. (parfait état) in perfect condition
part. (particulier) private sale
pers. (personnes) people
plat. (plateaux) gear wheels
px à déb. (prix à débattre) price to be discussed
ref. nf (refait à neuf) completely reconditioned
r.v. (rendez-vous) appointment
t.b.ét., TBE (très bon état) (in) excellent condition
tél. b. (téléphoner aux heures de bureau) phone in office hours (between 8 and 12 or between 2 and 5)
tél. dom. (téléphoner au domicile) phone home number
terg. (tergal) Terylene
ttes opts (toutes options) all extras
vd, vds (vend, vends) for sale
w.e. (week-end) weekend

a/c (air conditionné) air conditioning
à part (à partir de) from (a date)
appt (appartement) flat
bglw (bungalow) holiday chalet
Bret. sud (Bretagne sud) southern Brittany
camp. (campagne) country
caract. (caractéristiques) features
carav. (caravane) caravan
centre com. (centre commercial) shopping centre
ch. (chambre) bedroom
cuis. équip. (cuisine équipée) fully fitted kitchen
descript. (description) description
ds (dans) in
éch. (échange) exchange (offered for)
empl. (emplacement) site (for caravan or tent)
envoy. (envoyer) (please) send
équiv. (équivalent) equivalent
HR (heures des repas) meal times (between 12 and 2 or between 7 and 9 p.m.)
jard. (jardin) garden
jrnl (journal) newspaper
logt équiv. (logement équivalent) equivalent accommodation
min (minutes) minutes
p (pour) for
pers. (personnes) people
poss. (possibilité) possibility
prox. mer (à proximité de la mer) close to the sea
quinz. juil. (quinzaine de juillet) fortnight in July
réf. (référence) reference number
sdb (salle de bains) bathroom
sem. (semaine) week
standg équiv. (standing équivalent) comparable standard (of accommodation, fittings, etc.)
t b (très beau/belle) delightful
tél. (téléphoner) telephone
tt cft (tout confort) all mod cons
tv (télévision) television
voit. (voiture) car

Articles for Sale

Ventes: divers

Tr. b. tap. persan, 125 x 230, frangé, fond bleu, impecc. 8 200F, à sais. T. 03 25 43 18 77

Cse dble empl., vds cuisinière mixte, 60 x 60, 4 feux électr., four à gaz, t. b. ét., tél. HR 02 39 50 71 23

Cède frigo Vedette 150 l, freezer 30 l, dim. 60 x 60 x 185, peu servi, intér. impecc., T 05 56 32 41 76

Offr. spéc. à sais., 1 lot de lav. ling. Miele, 5 kg, b. ét. mécan., px 50% nf, à emport. ELECTROMENAGER, 152 rte de Limonest, dim. compris

vds sèch. linge Philips, modèle réc, état nf, 3 000 F, tél 02 32 21 85 91

A vdre aspirat. Hoover traîneau, rouge, silencx, tire-fil, 220 v. tél 03 82 34 15 67

Vds fer à vap. Calor Pressing Plus, jam. servi, tél 05 58 32 14 97

A vdre chaîne hifi, dble K7, CD, 2 ampli. 25W, px à déb. T. 05 59 12 65 34

Suite cess. act. PME cède son outil inf.: ord. Philips P4000, disque mém. 120 millions, 3 écr., 1 impr. P2934/02, 1 log. compta. paie, gest. commerc., tt parf ét., val. ach. 270 000 F, px à déb 04 74 92 36 25 mat

URGT vds canapé 3 pl. + 2 chauff., imit. cuir fauv., parf. état 5 000 F tél 05 59 45 62 71

Cse dpt, cède sal. de jard. plast. blanc, 1 tble rde 6 pers. + chaises, 2 transat. et parasol assort., 3 000 F, tél. ap. 19h 01 27 36 15 89

Cause démgnt, cède 2 paires dble ridx, 235 x 120 cm, coul. crème ; 2 paires voilages ; 1 bac fleur Riviera 1m/25cm. Tél 02 51 36 47 98

---

125 x 230 (125 sur 230) 125 by 230 (centimetres)
à déb. (à débattre) (price) to be discussed
à emport. (à emporter) for quick sale
à sais. (à saisir) bargain
à vdre (à vendre) for sale
ampli. (amplificateurs) amplifiers
ap. (après) after
aspirat. (aspirateur) vacuum cleaner
assort. (assortis) matching
b. ét. mécan. (bon état mécanique) good mechanical condition, good working order
cess. act. (cessation d'activité) going out of business, closing down
chauff. (chauffeuses) easy chairs (Note: also stands for chauffage)
compta. (comptabilité) accounts
coul. (couleur) colour
cse dble empl. (pour cause de double emploi) surplus to requirements
cse dpt (pour cause de départ) (as) owner leaving, moving house
dble K7 (double cassette) double-cassette deck
dble ridx (doubles rideaux) curtains
démgnt (déménagement) moving house/premises
dim. (dimensions) measurements
dim. comp. (dimanches compris) including Sundays
écr. (écrans) screens, monitors
électr. (électrique) electric
fauv. (fauve) fawn (colour)
frigo (réfrigérateur) fridge
gest. commerc. (gestion commerciale) sales management
imit. (imitation) imitation
impecc. (impeccable) perfect condition, as new
impr. (imprimante) printer
inf. (informatique) computing (equipment)
intér. (intérieur) interior

jam. servi (jamais servi) never used
l (litre) litre
lav. ling. (lave-linge) washing machine
log. (logiciel) software
mat. (matin) (in the) mornings
mém. (mémoire) memory
nf (neuf) new
offr. spéc. (offre spéciale) special offer
ord. (ordinateur) computer
parf. ét. (parfait état) (in) perfect condition
pers. (personnes) people
pl. (places) seats
plast. (plastique) plastic
PME (petite et/ou moyenne entreprise) small and/or medium-sized enterprise/SME
px (prix) price
réc. (récent) recent
rte (route) road
sal. de jard. (salon de jardin) garden furniture
sèch. linge (sèche-linge) tumble dryer
silencx (silencieux) quiet
T. (téléphone) telephone
t. b. ét. (très bon état) very good condition
tap. (tapis) carpet
tble rde (table ronde) circular table
tél. HR (téléphoner aux heures des repas) phone at meal times (i.e. between 12 and 2 or between 7 and 9 p.m.)
transat (transatlantique) deckchair
tr. b. (très beau) very fine
tt (tout) all
urgt (urgent) urgent
v volt
val. ach. (valeur à l'achat) cost when new
vap. (vapeur) steam
vds (vends) for sale
W (watt) watt

UNIVERSITY OF PLYMOUTH

Centre for Modern Languages
Plymouth Campus

Emplois

Offre

URG fam. écossaise (avocat) rég. Glasgow, 2 enfts 3/5 ans cherche J.F. au pair, bon anglais, juil-août 97, Ecrire Mme R. Burns 5 Menzies Crescent Fintry Stirlingshire G63 0YL

Ch. f. de mén. 2x4h/sem., a.m. préfér., sér. réf. exig., Tél Mme PIERRAT 01 42 59 17 23

Centre de vac. ch. H à tt faire du 1/7/97 au 31/8/97 pr petits trvx, surveill. enfts, sér. réf. exigées, logé, nourri, blanchi + 3 500F/ms. Ecr. jrnl réf. PLM258

Ch. cple gardiens pr propriété isolée, 250 km sud Paris, petits travx jard., logt indpt, sal. intér., sér. réf. exigées. Se présent., Château du Lac 18100 Vierzon

Pr remplt cong. mater. PME ch. hot. accueil, pet. secrét., tél., tt txte, CDD 3 mois à part. 15 oct. proch., voit. indispens., ts frs payés, possib. contr. long. dur. Ecr. jrnl PU322

Rech. un/-e trad. spécial. bio-médical ang/alld et alld/ang. pr trad. simult congrès internat. Bruxelles du 14/6 au 17/6/97. Pdre cont. Mme Roux en écriv. au jrnal qui transmettra

Entr. TP ch. VRP multic., départ. 42, 74, 01. Envoy. CV + photo + prétent. à BATIDUR 285 cours Lafayette 69100 Villeurbanne

Demande

Jne F., 23 a., diplômée Ec. Sup. Com., bil. Fr/Angl, tt txte, excel. présent. ch. empl. 1/2 tps, accept. déplcts. Ecr. jrnl Réf. OEZ98

J.F. nat. française, 20 ans, aimant enfts, sér. réf., souhaite trouver fam. anglophone, suivi trav. scol. poss., dispon. juil. août 97, écr. journ. ZOL150

Etud. prépa. donne crs anglais français ts niveaux tél: 03 27 42 31 86

1/2 tps (mi-temps) half-time
2x4h/sem. (deux fois quatre heures par semaine) 4 hours twice a week
a. (ans) years (old)
à part. (à partir de) from (date)
accept. déplcts (accepte les déplacements) will travel
angl (anglais) English
alld (allemand) German
a.m. préfér. (l'après-midi de préférence) preferably afternoon
bil. Fr/Angl (bilingue français/anglais) bilingual French/English
CDD (contrat à durée déterminée) fixed-term contract
ch. (cherche) seeks
cong. mater. (congé de maternité) maternity leave
contr. long. dur. (contrat de longue durée) long-term contract
cple (couple) couple
crs (cours) lessons
départ. (départements) departments (French districts)
dispon. (disponible) available
Ec. Sup. Com. (École Supérieure de Commerce) Business School
écr. (écrire à) (please) write to
empl. (emploi) job
en écriv (en écrivant) by writing
enfts (enfants) children
entr. TP (entreprise de travaux publics) civil engineering firm
envoy. (envoyer) (please) send
étud. (étudiant(e)) student
excel. présent. (excellente présentation) very smart appearance
exig. (exigé) required, essential
f. de mén. (femme de ménage) cleaning lady
fam. (famille) family
F/ms (francs par mois) francs per month
H. à tt faire (homme à tout faire) odd-job man
h/sem. (heures par semaine) hours per week
hot. accueil (hôtesse d'accueil) receptionist
indispens. (indispensable) indispensable
internat. (international) international
J.F., Jne F (jeune fille/femme) young woman

jrnl (journal) newspaper
juil. (juillet) July
logt indpt (logement indépendant) separate accommodation
ms (mois) month
nat. (nationalité) nationality
oct. (octobre) October
pdre cont. (prendre contact avec) contact
pet. secrét. (petit secrétariat) some secretarial duties
petits trvx (petits travaux) light (manual) work
PME (petite et/ou moyenne entreprise) small and/or medium-sized enterprise, SME
poss. (possible) possible
possib. (possibilité) possibility
pr (pour) for
prépa. (classe préparatoire) post-baccalaureate class for entry to Grandes Écoles
prétent. (prétentions) salary expectation
proch. (prochain) next
rech. (recherche) seeking
réf. (référence) reference (number)
rég. (région) region
remplt (remplacement) replacement
sal. intér. (salaire intéressant) attractive salary
se présent. (se présenter) apply in person
sér. réf. (sérieuses références) excellent references
surveill. enfts (surveillance d'enfants) looking after children
tél. (téléphone) telephone
trad. simult. (traduction simultanée) simultaneous translation
trad. spécial. (traducteur/-trice spécialisé/-e) technical translator
trav. scol. (travail scolaire) homework
travx jard. (travaux de jardinage) gardening
ts (tous) all
ts frs payés (tous frais payés) all expenses paid
tt txte (traitement de texte) word processing
URG. (urgent) urgent
vac. (vacances) holidays
voit. (voiture) car
VRP multic. (voyageur représentant placier multicartes) sales representative for several different companies